*petits Marabouts*

# LÉGUMES DE SAISON

100 recettes

MARABOUT

petits Marabouts

# LÉGUMES DE SAISON

100 recettes

MARABOUT

# SOMMAIRE

POUR 10 PIÈCES - PRÉPARATION 30 MINUTES - CUISSON 10 MINUTES

# ROLLS DE LÉGUMES RÂPÉS

- 10 feuilles de riz
- 1 carotte (de n'importe quelle couleur)
- 1 petite betterave
- 1 morceau de radis blanc
- 1 navet boule d'or
- 1 petite pomme un peu acide
- 10 crevettes cuites décortiquées
- Une sauce pimentée type Tabasco® ou une sauce asiatique
- 1 citron ou un trait de yuzu
- 2 cuillerées à soupe d'huile
- Sauce soja
- Quelques brins de coriandre

1. Éplucher et râper tous les légumes et la pomme. Faire une sauce avec l'huile, un trait de sauce soja, le jus de citron ou le yuzu et un peu de sauce pimentée. La mélanger aux légumes râpés.

2. Prendre une feuille de riz, la poser sur un torchon mouillé, qui va la faire ramollir. Poser un peu de mélange râpé sur un côté de la feuille, ajouter 1 crevette. Commencer à rouler, plier les côtés, poser 1 ou 2 feuilles de coriandre, continuer à rouler. Couper la pâte qui dépasse. Poser dans un panier vapeur. Poursuivre avec les feuilles et les légumes restants.

3. Cuire 6-7 minutes à la vapeur et servir avec de la sauce soja.

POUR 12 PIÈCES - PRÉPARATION 40 MINUTES - CUISSON 20 MINUTES

# ÉPINARDS CROUSTILLANTS À LA FETA

- 250 g d'épinards frais
- 3 cuillerées à soupe d'huile d'olive
- 250 g de feta
- 6 feuilles de brick
- 20 g de beurre
- 2 oignons nouveaux émincés
- 4 brins de menthe fraîche
- Poivre

## CONSEIL

Surtout, ne salez pas !
Vous pouvez remplacer la feta par du fromage de chèvre frais et ajouter un peu de miel.

1. Trier les épinards en éliminant les queues et les feuilles abîmées. Les laver, les égoutter et les hacher.

2. Dans une sauteuse, faire chauffer l'huile d'olive et laisser blondir les oignons puis ajouter les épinards. Poursuivre la cuisson à feu vif, en remuant souvent, jusqu'à totale évaporation de l'eau. Compter environ 15 minutes. Dans un saladier, mélanger les épinards avec la feta émiettée et la menthe ciselée. Poivrer.

3. Faire fondre le beurre. Couper les feuilles de brick en deux, les badigeonner de beurre fondu et déposer un peu de mélange épinards-feta au centre avant de les plier en triangle (vérifier le procédé du pliage au dos du paquet des feuilles de brick ; en général il est bien expliqué).

4. Donner un coup de papier absorbant dans le fond de la sauteuse. Faire chauffer 1 cuillerée à soupe d'huile d'olive et faire dorer les croustillants 2 minutes de chaque côté. Remettre un peu d'huile, si nécessaire. Poser les croustillants sur du papier absorbant avant de les servir avec une salade bien relevée.

POUR 12 PIÈCES - PRÉPARATION 25 MINUTES - CUISSON 5 MINUTES

# BRICK AUX COURGETTES, CHÈVRE ET CUMIN

- 6 feuilles de brick
- 1 à 2 courgettes pas trop grosses
- 250 g de chèvre frais
- 20 g de beurre doux fondu
- 1,5 cuillerée à café de cumin en poudre
- 1 cuillerée à soupe de sauce soja
- 1 cuillerée à soupe de miel liquide
- Huile d'olive
- Sel, poivre

1. Laver les courgettes et les trancher en fines rondelles. Écraser le fromage de chèvre avec le cumin et 1 cuillerée à soupe d'huile d'olive ; poivrer.

2. Couper les feuilles de brick en deux et les badigeonner de beurre fondu. Déposer au milieu un peu de chèvre écrasé et quelques rondelles de courgette ; plier les feuilles en portefeuille (suivre les indications au dos du paquet).

3. Faire chauffer 1 cuillerée à soupe d'huile d'olive dans le fond d'une poêle et laisser dorer les bricks dedans 2 minutes de chaque côté. Remettre un peu d'huile, si nécessaire. Poser les bricks sur du papier absorbant pour les égoutter et servir avec une sauce préparée en mélangeant 2 cuillerées à soupe d'huile d'olive avec la sauce soja, le miel, du sel et du poivre.

POUR 25 PIÈCES - PRÉPARATION 5 MINUTES - CUISSON 20 MINUTES

# CHIPS DE LÉGUMES

- 1 betterave crue
- 1 radis noir
- 2 panais
- 2 carottes
- Huile de friture
- Fleur de sel

1. Faire chauffer une friteuse (ou un grand bain d'huile dans un faitout profond). Laver les légumes et les sécher. À l'aide d'une mandoline, les détailler en très fines lamelles ou rondelles (elles vont réduire à la cuisson).

2. Faire frire les légumes en plusieurs tournées (compter 2 minutes à chaque fois). Attention à ne pas vous brûler avec les projections d'huile. Si celle-ci est trop chaude, faire redescendre la température de l'huile avant de rajouter d'autres légumes. Laisser refroidir les chips sur du papier absorbant et les conserver dans un papier d'aluminium ou dans une boîte en fer pour qu'elles restent croustillantes. Saupoudrer de fleur de sel juste avant de servir.

## CONSEIL

Déguster à l'apéritif. Vous pouvez aussi les servir avec un velouté de légumes (chou-fleur par exemple) ou un carpaccio de poisson.

POUR 4 PERSONNES - PRÉPARATION 5 MINUTES - CUISSON 15 MINUTES

# MAÏS GRILLÉ

- 4 épis de maïs
- 1 verre de lait
- 25 g de beurre salé fondu
- Poivre

1. Rincer les épis de maïs à l'eau froide, les éponger et rabattre les feuilles dessus pour que les grains soient bien enveloppés. Faire bouillir une casserole d'eau avec le lait. Plonger les épis 5 minutes dedans. Les rincer (enlever les feuilles), les égoutter et bien les sécher.

2. Faire chauffer le gril du four et passer les épis de maïs dessous pendant 10 minutes en les retournant souvent. Arroser de beurre fondu, poivrer et manger immédiatement avec les doigts !

POUR 6-8 PERSONNES - PRÉPARATION 10 MINUTES - CUISSON 10 MINUTES

# AUBERGINES GRILLÉES AU BARBECUE

- 4 aubergines
- Le jus de 1 citron
- 1 bouquet de persil plat ciselé
- Huile d'olive
- Sel, poivre

## VARIANTE

Vous pouvez préparer de la même manière des courgettes que vous couperez dans la longueur en tranches de 1 cm d'épaisseur.

1. Profitez des beaux jours pour réaliser cette recette d'une simplicité extrême. Laver les aubergines puis les trancher en rondelles de 1 cm d'épaisseur. Arroser d'huile d'olive, saler et poivrer.

2. Poser les rondelles d'aubergine sur la grille du barbecue placée pas trop près des braises. Laisser cuire 5 minutes de chaque côté. Dès qu'elles sont bien dorées, les arroser d'un filet de jus de citron et les saupoudrer de persil ciselé. Déguster immédiatement pour un apéro autour d'un rosé frais et tutti quanti...

POUR 4 PERSONNES - PRÉPARATION 25 MINUTES

# CARPACCIO TOPINAMBOURS-ARTICHAUTS

- 8 topinambours
- 1 pot d'artichauts à l'huile
- 1 cuillerée à café de câpres
- 1 citron
- Quelques brins de persil plat
- Quelques lamelles de noix de coco
- Huile d'olive
- Sel, poivre

1. Faire chauffer une poêle. Faire griller quelques instants les lamelles de noix de coco : elles ne doivent pas brunir.

2. Mixer les artichauts égouttés, les câpres, un peu de jus de citron et d'huile et le persil plat de manière à obtenir une sauce à peine coulante. Saler et poivrer, si nécessaire.

3. Éplucher les topinambours et les trancher fin, à la mandoline. Servir les topinambours avec la sauce et parsemer de lamelles de coco grillées.

POUR 4 PERSONNES - PRÉPARATION 25 MINUTES

# TOPINAMBOURS ET RUTABAGAS EN SALADE

- 4 topinambours
- 2 petits rutabagas
- 1 citron
- 1 orange
- Quelques brins de menthe
- Quelques noisettes
- Quelques gouttes d'eau de fleur d'oranger
- 2 cuillerées à soupe d'huile d'olive
- Sel, poivre

1. Faire une petite sauce avec un peu de jus d'orange, de citron, l'eau de fleur d'oranger et l'huile. Saler et poivrer.
2. Éplucher les topinambours et les rutabagas puis les trancher fin, à la mandoline. Effeuiller la menthe, déchirer les feuilles.
3. Arroser les tranches de légumes avec la sauce puis parsemer de feuilles de menthe et de noisettes hachées.

POUR 4 PERSONNES - PRÉPARATION 25 MINUTES

# CARPACCIO DE TOPINAMBOURS À L'ÉCHALOTE

- 8 topinambours
- 2 échalotes
- 1 cuillerée à café de moutarde
- 3 cuillerées à soupe d'huile neutre
- 1 cuillerée à soupe de vinaigre de vin rouge
- Quelques brins de ciboulette
- Sel, poivre

1. Faire une vinaigrette avec la moutarde, du sel, du poivre, le vinaigre et l'huile.

2. Éplucher les topinambours et les trancher fin, à la mandoline. Éplucher et émincer très fin les échalotes. Hacher la ciboulette.

3. Servir les topinambours avec de la sauce, les échalotes et la ciboulette.

## CONSEIL

Le topinambour cru, c'est délicieux ! Mais veiller à le choisir bien ferme.

POUR 4 PERSONNES - PRÉPARATION 20 MINUTES - REPOS 30 MINUTES

# RADIS PICO DE GALLO

- 1 petit radis blanc
- 1 oignon rouge
- 1 cœur de romaine ou autre salade croquante
- 1 orange
- 1 citron vert
- 1 bonne pincée de cumin
- 1 cuillerée à soupe d'huile d'olive
- 2 cuillerées à café de miel
- Sel, poivre

1. Faire une petite sauce avec l'huile, le miel, le cumin, 1 cuillerée à soupe de jus de citron vert et 2 cuillerées à soupe de jus d'orange. Saler et poivrer.

2. À la mandoline, trancher l'oignon et le radis épluchés. Les mettre dans la sauce et laisser mariner 30 minutes. Servir avec la salade verte.

## CONSEIL

D'autres radis conviennent parfaitement pour cette recette.

POUR 4 PERSONNES - PRÉPARATION 20 MINUTES

# PERSIL-RACINE CRU, PICHOLINES, CHORIZO

- 2 racines de persil très jeunes
- 15 cl d'huile d'olive
- 10 cl d'huile neutre
- 1 cuillerée à café de moutarde
- 1 gousse d'ail
- 1 jaune d'œuf
- Une quinzaine d'olives picholines
- Une douzaine de tranches de chorizo
- Ciboulette
- Sel, poivre

1. Faire une mayonnaise : mélanger la moutarde, l'ail épluché et écrasé et le jaune d'œuf, puis verser les huiles, l'une après l'autre, goutte à goutte, en fouettant, puis en mince filet.

2. Éplucher le persil-racine, le couper en tagliatelles avec un économe. Les mélanger avec les picholines, le chorizo en dés et un peu de ciboulette hachée.

3. Servir avec la mayonnaise et agrémenter d'autres ingrédients type poisson froid, pommes de terre...

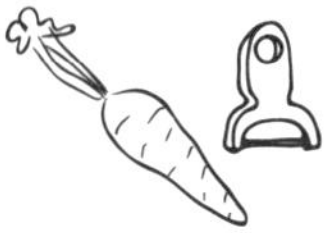

POUR 4 PERSONNES - PRÉPARATION 20 MINUTES - REPOS 30 MINUTES

# BETTERAVE CRUE, SAUCE À L'ORANGE

- 1 betterave moyenne
- 2 cuillerées à soupe d'huile d'olive
- 1 cuillerée à soupe de jus d'orange
- Un peu de jus de citron
- ½ cuillerée à café de moutarde
- Quelques kumquats frais
- Sel, poivre

1. Mélanger les ingrédients de la sauce : huile, orange, citron, moutarde, poivre et sel.

2. Éplucher la betterave, la couper en tagliatelles avec un économe. La mélanger à la sauce et laisser mariner 30 minutes. Servir avec les kumquats coupés en deux.

3. Proposer ces tagliatelles de betterave dans une salade ou associées à d'autres crudités ou entrées (avocat, poireau vinaigrette, œufs mollets...)

POUR 4 PERSONNES - PRÉPARATION 25 MINUTES - CUISSON 30 MINUTES

# VELOUTÉ TOPINAMBOURS ET FRUITS SECS

- 450 g de topinambours
- 2-3 petites pommes de terre (ou 1 plus grosse), plutôt de variété farineuse (à soupe/à purée)
- 1 oignon
- 4 figues sèches ou 4 dattes ou un mélange
- Une dizaine de noix ou une bonne poignée de noisettes, ou un mélange
- 1 cuillerée à soupe d'huile de tournesol
- 150 ml de crème liquide légère
- ½ cube de bouillon de légumes ou de poulet bio, ou 50 cl de bouillon maison
- Sel, poivre

1. Éplucher les topinambours, les couper en morceaux s'ils sont gros. Faire de même avec les pommes de terre. Émincer l'oignon.

2. Faire revenir l'oignon dans l'huile pendant 6-7 minutes jusqu'à ce qu'il devienne transparent. Ajouter les légumes, remuer, ajouter le demi-cube de bouillon et couvrir largement d'eau (ou ajouter le bouillon maison). Porter à ébullition et laisser cuire à frémissement pendant 20 minutes le temps que les légumes soient tendres.

3. Mixer ou mouliner. Saler et poivrer si nécessaire, ajouter la crème liquide (et un peu d'eau si la soupe semble trop dense), puis réchauffer tout doucement.

4. Découper les figues et/ou les dattes en lamelles. Décortiquer les noix et/ou les noisettes et les hacher grossièrement.

POUR 4 PERSONNES - PRÉPARATION 25 MINUTES - CUISSON 30 MINUTES

# SOUPE TOPINAMBOURS ET SAINT-JACQUES

- 450 g de topinambours
- 2-3 petites pommes de terre (ou 1 grosse), plutôt de variété farineuse (à soupe/à purée)
- 8 noix de saint-jacques fraîches (ou surgelées)
- 1 oignon
- 1 cuillerée à soupe d'huile de tournesol
- ½ cube de bouillon de légumes bio, ou 50 cl de bouillon maison
- 150 ml de crème liquide légère
- Beurre
- Sel, poivre

## CONSEIL

On peut aussi mettre les saint-jacques avec leur coquille au fond des bols, présenter la soupe dans une soupière et la verser sur les coquillages. On peut ajouter quelques brins de ciboulette émincée.

1. Éplucher les topinambours, les couper en morceaux s'ils sont gros. Faire de même avec les pommes de terre. Émincer l'oignon. Faire revenir l'oignon dans l'huile pendant 6-7 minutes jusqu'à ce qu'il devienne transparent. Ajouter les légumes, remuer, ajouter le demi-cube de bouillon et couvrir largement d'eau (ou ajouter le bouillon maison). Porter à ébullition et laisser cuire à frémissement pendant 20 minutes le temps que les légumes soient tendres.

2. Mixer ou mouliner. Saler et poivrer si nécessaire, ajouter la crème liquide (et un peu d'eau si la soupe semble trop dense).

3. Faire chauffer une noix de beurre dans une poêle jusqu'à ce qu'il mousse. Déposer les noix de saint-jacques et les dorer quelques minutes de chaque côté, à feu assez fort. Les couper en lamelles.

4. Remettre la soupe sur feu très doux pour la réchauffer. La servir dans des bols et la surmonter de lamelles de saint-jacques.

POUR 4 PERSONNES - PRÉPARATION 35 MINUTES - CUISSON 30 MINUTES - RÉFRIGÉRATION 30 MINUTES

# SOUPE DE COURGE, ESPUMA FOIE GRAS

- ½ courge butternut
- 2-3 pommes de terre
- 2 oignons
- 1 gousse d'ail
- 1 cuillerée à soupe d'huile de tournesol
- ½ cube de bouillon de légumes bio
- 150 g de foie gras mi-cuit
- Sel, poivre

## CONSEIL

Si l'on n'a pas de siphon, se contenter de déposer des copeaux de foie gras sur la soupe, c'est aussi très bon !

1. Éplucher les pommes de terre et la courge, les couper en morceaux. Émincer les oignons. Éplucher et écraser l'ail. Faire chauffer l'huile et faire revenir les oignons sur feu moyen jusqu'à ce qu'ils deviennent translucides et légèrement dorés pendant 6-7 minutes. Ajouter l'ail, remuer. Ajouter les légumes, remuer pendant quelques minutes. Couvrir largement d'eau, mettre le demi-cube de bouillon et laisser cuire 20 minutes le temps que les légumes soient cuits.

2. Mixer le foie gras avec 1 grand verre d'eau pour obtenir un mélange bien lisse et bien liquide. Verser la préparation dans un siphon à chantilly. Mettre le siphon au moins 30 minutes au réfrigérateur.

3. Mouliner ou mixer la soupe, puis la mettre à réchauffer tout doucement. Vérifier l'assaisonnement en sel. Servir la soupe dans des bols et pulvériser dessus une noix d'écume de foie gras. Poivrer.

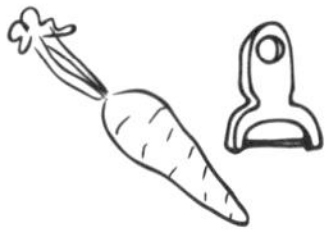

POUR 4 PERSONNES - PRÉPARATION 20 MINUTES - CUISSON 30 MINUTES

# SOUPE DE POURPIER

- 1 belle botte de pourpier
(ou 2 plus petites)
- 3-4 pommes de terre moyennes
- 1 oignon
- 1 cuillerée à soupe d'huile d'olive
- ½ cube de bouillon de légumes bio
- 15 cl de crème liquide
- Sel, poivre

1. Émincer l'oignon. Éplucher les pommes de terre et les couper en morceaux. Faire chauffer l'huile dans une casserole et faire revenir l'oignon jusqu'à ce qu'il soit translucide, sur feu modéré. Ajouter les pommes de terre, couvrir largement d'eau, ajouter le demi-cube de bouillon et laisser cuire jusqu'à ce qu'elles soient bien tendres.

2. Nettoyer le pourpier (comme une salade), en enlevant les bouts de tige abîmés. Ajouter les feuilles aux pommes de terre cuites, cuire 1 minute puis retirer du feu. Mouliner et rectifier l'assaisonnement en sel et en poivre. Ajouter la crème liquide et un peu d'eau pour allonger si nécessaire. Réchauffer doucement avant de servir.

POUR 4 PERSONNES - PRÉPARATION 20 MINUTES - CUISSON 30 MINUTES

# SOUPE À L'ORTIE AU LAIT RIBOT

- Environ 200 g de feuilles d'ortie
- 2-3 pommes de terre moyennes
- 3 échalotes
- 20 g de beurre
- ½ cube de bouillon de légumes bio
- 15 cl de lait ribot ou de lait fermenté
- 1 pincée de piments séchés émiettés ou de piment de Cayenne en poudre
- Sel, poivre

## CONSEIL

Cette soupe peut aussi se servir bien froide, en vichyssoise, avec des glaçons et des croûtons.

1. Émincer les échalotes. Éplucher les pommes de terre et les couper en morceaux. Faire fondre le beurre dans une casserole et faire revenir les échalotes jusqu'à ce qu'elles soient translucides, sur feu modéré. Ajouter les pommes de terre, couvrir largement d'eau, ajouter le demi-cube de bouillon et laisser cuire jusqu'à ce qu'elles soient tendres.

2. Faire bouillir de l'eau et y plonger les feuilles d'ortie. Au bout de 30 secondes seulement, les égoutter. Mixer ou mouliner la soupe de pommes de terre et les orties, bien mélanger les deux et rectifier l'assaisonnement en sel et en poivre. Ajouter de l'eau pour allonger si nécessaire. Réchauffer doucement, ajouter le lait ribot et servir saupoudré de piment.

POUR 4 PERSONNES - PRÉPARATION 35 MINUTES - CUISSON 30 MINUTES - RÉFRIGÉRATION 30 MINUTES

# SOUPE DE POTIMARRON, ESPUMA CHICORÉE

- 1 potimarron
- 2 pommes de terre
- 1 oignon
- 20 g de beurre
- ½ cube de bouillon de légumes bio
- 20 cl de crème liquide entière ou légère
- 1 cuillerée à soupe de chicorée en poudre
- Sel, poivre

1. Éplucher les pommes de terre et les couper en morceaux. Couper le potimarron en quatre, ôter les graines du milieu et le couper en morceaux. Émincer l'oignon.

2. Faire fondre le beurre dans une casserole. Quand il mousse, faire revenir l'oignon 6-7 minutes sur feu moyen jusqu'à ce qu'il devienne translucide et légèrement doré. Ajouter le potimarron et les pommes de terre. Couvrir largement d'eau, mettre le demi-cube de bouillon et laisser cuire 20 minutes le temps que les légumes soient cuits. Mouliner ou mixer le velouté.

3. Dissoudre la chicorée avec environ 20 cl d'eau chaude et la mélanger à la crème liquide. Verser la préparation dans un siphon à chantilly. Bien secouer. Placer au moins 30 minutes au réfrigérateur.

4. Réchauffer doucement la soupe. Vérifier le sel. La servir dans des bols et déposer une écume de chicorée sur chaque bol.

POUR 2 PERSONNES - PRÉPARATION 25 MINUTES

# TOMATE-MOZZARELLA

- 3 tomates moyennes bien fermes
- 1 boule de mozzarella di bufala
- 6 feuilles de basilic
- 3 cuillerées à soupe d'huile d'olive
- Quelques gouttes de jus de citron
- Fleur de sel, poivre

## CONSEIL

On peut remplacer le jus de citron par du vinaigre balsamique. Si ce n'est pas la saison, préparer cette salade avec des tomates cerises bien fermes.

1. Égoutter la boule de mozzarella et la sécher dans du papier absorbant. Couper les tomates en tranches fines et les répartir dans 2 assiettes.

2. Poser sur chacune ½ boule de mozzarella. Répartir le basilic juste ciselé, arroser d'huile d'olive et de quelques gouttes de jus de citron. Saupoudrer de fleur de sel et poivrer. Déguster immédiatement.

POUR 6 PERSONNES - PRÉPARATION 15 MINUTES - CUISSON 10 MINUTES

# POIREAUX VINAIGRETTE

- 12 petits poireaux
- 6 tranches de magret de canard fumé
- ½ bouquet de ciboulette ciselée
- 6 cuillerées à soupe d'huile d'olive
- 3 cuillerées à soupe de vinaigre de vin
- 2 cuillerées à café de moutarde forte
- Fleur de sel, poivre

## CONSEIL

Les magrets fumés apportent une note délicieuse à cette recette. Choisissez des petits poireaux ou des poireaux primeurs.

1. Jeter la racine des poireaux. Fendre la tête jusqu'à mi-hauteur pour les rincer correctement. Les faire cuire 10 minutes à la vapeur puis les réserver sur du papier absorbant (surtout pas au réfrigérateur : ils sont meilleurs tièdes). Enlever le gras des magrets.

2. Préparer l'assaisonnement en mélangeant le vinaigre, la moutarde, un peu de sel, quelques tours de moulin à poivre et l'huile d'olive. Couper chaque poireau en deux ou en quatre selon la longueur. Les étaler dans un plat ovale, les arroser de vinaigrette, disposer les magrets de canard dessus et saupoudrer de ciboulette. Ajouter un peu de fleur de sel et de poivre si nécessaire.

POUR 4 PERSONNES - PRÉPARATION 20 MINUTES - CUISSON 20 MINUTES

# ASPERGES, HOLLANDAISE MOUSSEUSE

- 20-24 asperges blanches
- 150 g de beurre doux très froid
- 2 œufs frais
- Le jus de ½ citron
- Sel, poivre

## VARIANTE

Version plus « light » pour la sauce : 1 yaourt battu avec 2 cuillerées à soupe de vinaigre balsamique, quelques brins d'estragon ciselé, du sel et du poivre.

1. Éplucher les asperges et couper le bout des queues. Faire cuire les asperges 15 minutes dans de l'eau bouillante salée.

2. Préparer la sauce. Couper le beurre en petits morceaux et réserver au frais. Séparer les blancs d'œufs des jaunes. Mélanger les jaunes avec 2 cuillerées à soupe d'eau sans les fouetter. Préparer un bain-marie dans une grande casserole. Dès que l'eau est prête à bouillir, placer dessus une plus petite casserole avec les jaunes d'œufs. Baisser le feu et laisser frémir en battant les jaunes au fouet jusqu'à ce que le mélange épaississe. Sans cesser de fouetter, ajouter petit à petit les morceaux de beurre. Lorsque la sauce a pris la consistance d'une mayonnaise, éteindre le feu, continuer à fouetter et incorporer le jus de citron. Saler et poivrer, goûter et rectifier l'assaisonnement, laisser tiédir. Monter les blancs en neige avec 1 pincée de sel et les incorporer délicatement à la sauce hollandaise.

3. Servir les asperges avec la sauce.

POUR 4 PERSONNES - PRÉPARATION 10 MINUTES - CUISSON 30 MINUTES

# ARTICHAUTS ET VINAIGRETTE ASIATIQUE

- 4 gros artichauts bretons
- 3 cuillerées à soupe d'huile d'olive
- 3 cuillerées à soupe d'huile de sésame
- 2 cuillerées à soupe de sauce soja
- 2 cuillerées à soupe de vinaigre de riz
- 1 cuillerée à café de gingembre râpé
- 8 brins de coriandre ciselés

## VARIANTE

Pour une vinaigrette classique, mélangez 6 cuillerées à soupe d'huile d'olive, 2 cuillerées à soupe de vinaigre de vin blanc, 1 cuillerée à café de moutarde, du sel et du poivre.

1. Préparer les artichauts pour les faire cuire dans une grande quantité d'eau bouillante salée. Compter à peu près 30 minutes. Pour vérifier la cuisson, détacher une feuille extérieure : elle doit s'arracher facilement. Égoutter les artichauts et les laisser tiédir. (Les artichauts peuvent être cuits dans un autocuiseur. Compter 10 minutes à l'eau et 12 minutes à la vapeur après la rotation de la soupape.)

2. Préparer la vinaigrette en mélangeant tous les ingrédients dans un bol. Dégager le cœur des artichauts et enlever le foin. Servir immédiatement avec la vinaigrette.

POUR 6 PERSONNES - PRÉPARATION 10 MINUTES

# CONCOMBRES NOA AU SUCRE

- 4 concombres noa
- 1 bouquet de menthe fraîche
- 4 cuillerées à soupe de vinaigre d'alcool
- 3 cuillerées à soupe de sucre
- Poivre

## CONSEIL

Les concombres noa sont très fermes, sans pépins, et ne sont pas gorgés d'eau. Si vous n'en trouvez pas, choisissez des miniconcombres très fermes.

1. Mélanger le sucre et le vinaigre dans un bol jusqu'à ce que le sucre soit dissous. Laver, sécher et ciseler la menthe, l'ajouter à l'assaisonnement, poivrer et mélanger.

2. Laver les concombres, les détailler en très fines tranches. Les disposer dans un saladier, verser l'assaisonnement, mélanger et réserver au frais jusqu'au moment de servir.

POUR 4 PERSONNES - PRÉPARATION 20 MINUTES - CUISSON 5 MINUTES

# SALADE DE PETITS POIS À LA MENTHE

- 1 kg de petits pois frais
- 1 cuillerée à café de sucre
- 1 cm de racine de gingembre râpée
- 3 brins de menthe fraîche ciselés
- Le jus de 1 citron vert
- 1 cuillerée à soupe de sauce soja
- 3 cuillerées à soupe d'huile d'olive
- Sel, poivre

1. Écosser les petits pois, les faire cuire dans une casserole d'eau bouillante salée pendant 5 minutes. Ils doivent rester croquants. Quand ils sont cuits, les rafraîchir.

2. Préparer la vinaigrette : mettre dans un pot à confiture l'huile d'olive, la sauce soja, le jus de citron vert, le gingembre, le sucre, très peu de sel et beaucoup de poivre. Fermer, secouer et c'est prêt.

3. Dès que les petits pois sont froids, les assaisonner, mélanger et saupoudrer de menthe fraîche.

POUR 6 PERSONNES - PRÉPARATION 30 MINUTES - CUISSON 10 MINUTES

# SALADE DE FÈVES AU CHORIZO

- 2 kg de fèves fraîches
- 150 g de lard fumé en lardons
- 200 g de chorizo en fines tranches
- 4 oignons frais émincés
- 10 cl de vin blanc
- 1 bouquet garni (thym, menthe, persil)
- 2 cuillerées à café de moutarde
- 1 cuillerée à soupe de vinaigre de vin blanc
- 4 cuillerées à soupe d'huile d'olive
- Sel, poivre

1. Écosser les fèves et les plonger 30 secondes dans de l'eau bouillante. Les rafraîchir puis enlever leur première peau (fendre la peau avec un couteau pointu et appuyer fermement pour faire sortir la fève).

2. Mettre les fèves dans une grande casserole, ajouter le vin, le bouquet garni, le sel et le poivre. Couvrir d'eau et faire cuire 5 minutes à feu doux : les fèves doivent rester un peu fermes. Dès qu'elles sont cuites, les rafraîchir puis égoutter (jeter le bouquet garni).

3. Dans une sauteuse, faire dorer les tranches de chorizo et les lardons pendant 5 minutes. Les égoutter sur du papier absorbant.

4. Préparer l'assaisonnement : mettre dans un pot à confiture l'huile d'olive, le vinaigre de vin blanc, la moutarde, du sel et du poivre. Fermer, secouer et c'est prêt. Mettre dans un saladier les fèves, les oignons frais, le chorizo et les lardons, assaisonner et mélanger.

POUR 4 PERSONNES - PRÉPARATION 35 MINUTES - CUISSON 15 MINUTES

# SALADE DE POIS GOURMANDS AU RIZ

- 300 g de pois gourmands
- 1 verre de riz
- 150 g de grosses crevettes roses cuites
- 2 oignons frais émincés (blanc et vert)
- 25 g de pignons de pin dorés
- ½ bouquet de coriandre ciselée
- 2 cuillerées à café de sauce soja
- Huile d'olive
- Fleur de sel, poivre

**1** Laver le riz jusqu'à ce que l'eau soit claire. Faire bouillir l'équivalent de 1,5 verre d'eau salée. Dans une casserole, faire chauffer le riz 5 minutes à feu doux dans 1 cuillerée à café d'huile d'olive en donnant quelques tours de moulin à poivre. Remuer souvent. Verser l'eau bouillante et couvrir. Quand toute l'eau est absorbée, augmenter le feu et faire griller le riz pendant 5 minutes. Verser enfin 1 cuillerée à café d'huile d'olive, mélanger et laisser refroidir.

**2** Faire cuire les pois gourmands 5 minutes dans de l'eau bouillante salée. Les refroidir dans un saladier d'eau glacée. Décortiquer les crevettes.

**3** Préparer l'assaisonnement en mélangeant la sauce soja avec 4 cuillerées à soupe d'huile d'olive et du poivre. Dans un saladier, mélanger le riz avec les pois gourmands, les oignons frais, les crevettes, les pignons et la coriandre. Verser l'assaisonnement, saupoudrer très légèrement de fleur de sel et déguster immédiatement.

POUR 6 PERSONNES - PRÉPARATION 10 MINUTES - RÉFRIGÉRATION 1 HEURE

# SALADE DE CAROTTES SUCRÉE ET CITRONNÉE

- 10 belles carottes
- 1 cuillerée à soupe rase de sucre
- Le jus de 1 citron
- 3 cuillerées à soupe d'huile d'arachide
- Fleur de sel, poivre

1. Peler les carottes, les râper à la grosse grille. Saupoudrer le sucre, verser le jus de citron puis mélanger. Arroser d'huile d'arachide, saler et poivrer, mélanger encore. Goûter pour rectifier l'assaisonnement.

2. Laisser reposer au moins 1 heure au frais avant de déguster. Il n'y en aura certainement pas assez pour tout le monde : c'est tellement bon qu'on a envie de se resservir encore et encore...

lunch

POUR 6 PERSONNES - PRÉPARATION 10 MINUTES

# SALADE DE BETTERAVES À LA CORIANDRE

- 4 betteraves cuites
- 1 botte de coriandre ciselée
- 2 cuillerées à soupe de vinaigre balsamique
- 4 cuillerées à soupe d'huile d'olive
- Fleur de sel, poivre

1. Éplucher les betteraves et les couper en tranches très fines (si vous avez une mandoline, c'est plus facile).

2. Répartir les tranches de betterave dans les assiettes, saupoudrer de coriandre. Assaisonner avec le vinaigre balsamique, l'huile d'olive, la fleur de sel et quelques tours de moulin à poivre.

POUR 4 PERSONNES - PRÉPARATION 20 MINUTES - CUISSON 10 MINUTES

# SALADE DE HARICOTS PLATS FAÇON THAÏE

- 600 g de haricots plats
- 2 oignons frais émincés (vert et blanc)
- 1 gousse d'ail écrasée
- 1 pincée de piment doux en poudre
- 1 cm de racine de gingembre râpée
- 3 cuillerées à soupe de lait de coco
- 50 g de noix de coco râpée
- 25 g de cacahuètes hachées
- ½ bouquet de coriandre ciselée
- Le jus de 1 citron vert
- ½ cuillerée à café de quatre-épices
- 1 cuillerée à soupe de sauce nuoc-mâm
- 1 cuillerée à soupe d'huile végétale
- Sel, poivre

## CONSEIL

Vous pouvez préparer cette salade avec des haricots verts. C'est très bon aussi.

1. Préparer les haricots et les faire cuire 5 minutes dans de l'eau bouillante salée : ils doivent rester croquants. Les égoutter et les passer sous l'eau froide pour stopper la cuisson.

2. Dans une petite poêle, verser 1 cuillerée à soupe d'huile et faire revenir 2 à 3 minutes l'ail, le gingembre, le piment, le nuoc-mâm et le quatre-épices. Ajouter le lait de coco et le jus de citron, bien mélanger.

3. Au moment de servir, mettre dans un grand saladier les haricots, les oignons frais et la coriandre. Verser l'assaisonnement et remuer. Saupoudrer de noix de coco et de cacahuètes. Servir immédiatement.

POUR 6 PERSONNES - PRÉPARATION 15 MINUTES

# SALADE DE CHAMPIGNONS CROQUANTS

- 500 g de champignons de Paris bien fermes
- ½ botte de coriandre ciselée
- 6 cuillerées à soupe d'huile d'argan
- Fleur de sel, poivre

## CONSEIL

Préférez des champignons pas trop gros et bien fermes qui sont parfaits pour manger crus dans les salades. Vous pouvez aussi ajouter une pointe de cumin en poudre, c'est délicieux.

1. Nettoyer les champignons avec un petit chiffon humide. Attendre le dernier moment pour les trancher très finement, les arroser d'huile d'argan, saupoudrer de coriandre et de fleur de sel, donner quelques tours de moulin à poivre.

2. Si vous préparez cette salade à l'avance, verser un peu de jus de citron sur les champignons dès qu'ils sont coupés pour qu'ils ne noircissent pas et assaisonner au dernier moment (mais c'est nettement moins bon). Attention aussi à l'huile d'argan qui a un taux d'acidité plus élevé que la plupart des huiles classiques : on la verse au dernier moment, sinon les champignons vont « cuire ».

POUR 6 PERSONNES - PRÉPARATION 10 MINUTES

# SALADE DE CHOU À LA JAPONAISE

- 1 chou chinois
- 3 cuillerées à soupe de sauce soja
- 1 cuillerée à café de vinaigre
- 1 cuillerée à café de sésame grillé
- 1 pincée de sucre
- 1 cuillerée à soupe d'eau

1. Laver le chou et le couper en quatre puis l'émincer en très fines lanières.

2. Dans un bol, mélanger la sauce soja et le vinaigre. Ajouter le sésame et le sucre, puis rallonger un peu avec l'eau. Verser la sauce sur le chou, remuer et servir aussitôt.

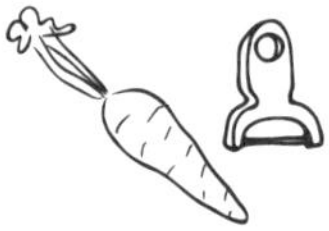

POUR 4 PERSONNES - PRÉPARATION 15 MINUTES

# SALADE DE RADIS NOIR À LA SAUCE SOJA

- 1 radis noir
- 2 cuillerées à soupe d'huile de sésame
- 2 cuillerées à soupe d'huile d'arachide
- 1 cuillerée à soupe de sauce soja
- 1 cuillerée à soupe de vinaigre de xérès
- Sel, poivre

1. Peler le radis noir et le râper finement.
2. Préparer la vinaigrette : mettre dans un pot à confiture l'huile de sésame, l'huile d'arachide, la sauce soja, le vinaigre de xérès, très peu de sel et un peu de poivre. Fermer, secouer et c'est prêt.
3. Assaisonner le radis juste avant de servir.

## CONSEIL

Si vous râpez le radis à l'avance, gardez-le au frais sous un film alimentaire. Vous pouvez proposer des sashimis de saumon ou de thon pour accompagner cette salade très japonaise.

POUR 6 PERSONNES - PRÉPARATION 15 MINUTES

# SALADE DE FENOUIL AU CITRON

- 3 petits bulbes de fenouil (ou 2 gros)
- 2 à 3 citrons jaunes non traités
- 1 bouquet de coriandre ciselée
- Huile d'olive
- Fleur de sel, poivre

1. Nettoyer les bulbes de fenouil, les émincer et les mettre dans un saladier.

2. Prélever le zeste d'un des citrons. Peler à vif tous les citrons, les trancher en rondelles très fines, puis recouper chaque rondelle en quatre et les déposer sur le fenouil.

3. Saupoudrer de coriandre et de zeste de citron râpé, arroser d'huile d'olive, saler et poivrer. Mélanger, goûter pour rectifier si besoin l'assaisonnement et garder au frais jusqu'au moment de servir.

POUR 4 PERSONNES - PRÉPARATION 10 MINUTES - RÉFRIGÉRATION 1 HEURE

# COURGETTES TOUTES CRUES AU PARMESAN

- 2 courgettes bien fermes
- Le jus de ½ citron
- 25 g de pignons de pin dorés
- 1 petit morceau de parmesan (25 g)
- Le tiers de 1 bouquet de ciboulette ciselée
- Huile d'olive
- Fleur de sel, poivre

1. Laver les courgettes, les sécher et les émincer en tranches très très fines.

2. Mettre les tranches de courgette dans un plat avec les pignons de pin et le parmesan en copeaux (utiliser un économe). Arroser de jus de citron (ne pas tout mettre maintenant) et verser 3 à 4 cuillerées à soupe d'huile d'olive. Saupoudrer de fleur de sel, donner quelques tours de moulin à poivre et ajouter la ciboulette ciselée. Mélanger.

3. Goûter et rectifier l'assaisonnement en ajoutant, si besoin, un peu de jus de citron. Si possible, garder au frais 1 heure avant de servir.

POUR 6 PERSONNES - PRÉPARATION 10 MINUTES

# DÉS DE BETTERAVE AU CUMIN

- 4 betteraves cuites
- 1 gousse d'ail écrasée
- 2 cuillerées à café de graines de cumin
- 2 cuillerées à café de piment doux
- 2 cuillerées à soupe de vinaigre d'alcool
- 2 cuillerées à soupe d'huile d'arachide
- Fleur de sel, poivre

1. Éplucher les betteraves, les trancher en petits cubes.
2. Dans un bol, préparer l'assaisonnement avec le vinaigre, l'ail, le cumin, le piment et l'huile. Saler légèrement et poivrer.
3. Verser sur les betteraves, goûter et rectifier l'assaisonnement. Laisser refroidir au réfrigérateur avant de servir.

POUR 4 PERSONNES - PRÉPARATION 20 MINUTES

# CARPACCIO D'ARTICHAUTS

- 6 artichauts poivrade
- Le jus de 1 citron
- 2 avocats mûrs mais fermes
- 4 cuillerées à soupe d'huile d'olive
- 1 gros morceau de parmesan (100 g)
- Fleur de sel, poivre

## À SAVOIR

Cette recette se prépare au dernier moment car les artichauts et les avocats s'oxydent très rapidement et la préparation n'est plus présentable.

1. Émincer les artichauts en lamelles très fines. Les arroser avec un peu de jus de citron.

2. Couper les avocats en deux, enlever les noyaux et la peau, trancher la chair en petits morceaux. Les déposer sur les artichauts et verser le reste de jus de citron.

3. Arroser d'huile d'olive, saler et poivrer, mélanger délicatement. Parsemer de copeaux de parmesan faits avec un économe. Déguster immédiatement.

POUR 4 PERSONNES - PRÉPARATION 30 MINUTES

# TARTARE DE LÉGUMES

- 4 belles tomates bien fermes
- 1 poivron jaune ou orange
- 1 poignée de pousses de soja
- ½ courgette bien ferme
- 2 oignons nouveaux hachés
- 2 brins de menthe fraîche ciselés
- Le jus de ½ citron
- Quelques gouttes de Tabasco®
- Huile d'olive
- Fleur de sel, poivre

## CONSEIL

Vous pouvez préparer le mélange de légumes en avance. Gardez-le au frais et ajoutez la menthe et l'assaisonnement au dernier moment.

1. Passer le poivron sous le gril du four jusqu'à ce qu'il noircisse de tous les côtés puis le mettre dans un sac en plastique le temps qu'il refroidisse. Plonger les tomates 30 secondes dans de l'eau bouillante puis dans de l'eau glacée. Les peler, les couper en quartiers, enlever les pépins et trancher la chair en petits cubes. Laver la courgette et la débiter en petits cubes. Laver les pousses de soja et les couper en petits tronçons.

2. Préparer l'assaisonnement : mettre dans un pot de confiture le jus de citron, 5 cuillerées à soupe d'huile d'olive, quelques gouttes de Tabasco®, un peu de sel et de poivre. Fermer, secouer et c'est prêt.

3. Mélanger tous les légumes avec la menthe et les oignons, verser la vinaigrette et bien mélanger. Répartir le tartare de légumes dans chaque assiette, saupoudrer de fleur de sel et donner un tour de moulin à poivre. Servir immédiatement.

POUR 4 PERSONNES - PRÉPARATION 10 MINUTES

# SALADE DE PANAIS TOUT CRUS

- 400 g de panais
- 1 cuillerée à soupe de graines de sésame dorées
- 1 cuillerée à soupe de vinaigre de vin
- 2 cuillerées à soupe d'huile de sésame
- 2 cuillerées à soupe d'huile d'olive
- Fleur de sel, poivre

1. Peler et râper les panais comme vous le feriez pour des carottes.

2. Préparer la vinaigrette avec le vinaigre, l'huile de sésame et l'huile d'olive, un peu de sel et de poivre.

3. Verser sur les panais, bien mélanger et saupoudrer de graines de sésame. Ajouter un peu de fleur de sel et donner un tour de moulin à poivre au dernier moment.

FRAGRANT
OIL
香蔴油

POUR 4 PERSONNES - PRÉPARATION 10 MINUTES - CUISSON 30 MINUTES

# COURGE SPAGHETTI EN SALADE AUX GRAINES

- 1 courge spaghetti
- 1 pot de cottage cheese
- ½ barquette de graines germées (celles de radis et de poireau sont bien car elles ont du piquant)
- 2 cuillerées à soupe d'huile d'olive
- Sel, poivre

1. Mettre la courge spaghetti entière dans une grande casserole d'eau bouillante. Cuire jusqu'à ce que la peau cède à la pression du doigt, qu'on sente le « vide » dessous, cela dépend beaucoup de sa taille. Compter environ 30 minutes.

2. Couper la courge en deux, enlever les graines puis, à l'aide d'une fourchette, détacher les spaghettis de chair. Assaisonner avec l'huile, du sel et du poivre. Parsemer de graines germées puis déguster avec le cottage cheese et du pain.

POUR 4 PERSONNES - PRÉPARATION 20 MINUTES

# MIX DE LÉGUMES RÂPÉS

- 1 carotte (de n'importe quelle couleur)
- 1 morceau de radis blanc
- 1 racine de persil
- 1 betterave
- 1 navet (on peut mettre d'autres racines ou, au contraire, une moins grande variété)
- 2 cuillerées à soupe d'huile de tournesol
- 1 cuillerée à soupe de jus d'orange
- 2 cuillerées à café de jus de mandarine
- 1 cuillerée à café de jus de citron
- Sel, poivre

1. Éplucher les légumes, les râper.
2. Faire une vinaigrette avec les jus d'orange, de mandarine et de citron, l'huile, du sel et du poivre. Goûter et rectifier la quantité des ingrédients en fonction des goûts.
3. Mélanger les légumes râpés et la vinaigrette.

POUR 4 PERSONNES - PRÉPARATION 25 MINUTES

# COLESLAW AUX RACINES

- 1 carotte (de n'importe quelle couleur)
- 1 morceau de radis blanc
- 1 racine de persil
- 1 betterave
- 1 navet (on peut mettre d'autres racines ou, au contraire, une moins grande variété)
- 1 bulbe de fenouil (facultatif)
- 2 ou 3 cuillerées à soupe de mayonnaise
- 1 pincée de curry (facultatif)
- 2 cuillerées à soupe de graines de courge

1. Faire griller les graines de courge dans une poêle chaude, à sec : dès qu'elles sautent, les verser sur une assiette.

2. Éplucher les légumes, les couper en spaghettis fins. Les mélanger, ajouter la mayonnaise (et le curry si l'on aime). Parsemer de graines de courge.

3. Servir comme accompagnement à côté d'un burger maison avec de la viande ou du poisson grillés.

POUR 4 PERSONNES - PRÉPARATION 20 MINUTES - CUISSON 20 MINUTES

# CHOU-RAVE, POMMES, LENTILLES EN SALADE

- 75 g de lentilles vertes
- 1 carotte
- 1 oignon
- 1 feuille de laurier
- 2 bulbes de chou-rave
- 2 pommes acides
- Quelques brins de persil plat
- 2 cuillerées à soupe d'huile d'olive
- 1 citron
- Tabasco®
- Sel, poivre

## VARIANTE

On peut aussi couper les pommes et le chou en dés plutôt qu'en tranches.

1. Mettre les lentilles dans une casserole, couvrir largement d'eau froide, ajouter l'oignon épluché, la carotte épluchée et la feuille de laurier. Porter à ébullition et cuire à petits bouillons pendant 20 minutes. Les lentilles doivent être tendres mais encore fermes. Égoutter et jeter les aromates.

2. Couper le chou-rave et les pommes en tranches très fines (à la mandoline si possible).

3. Mélanger l'huile, un peu de jus de citron, le persil plat pour faire une vinaigrette. Ajouter quelques gouttes de Tabasco®, saler et poivrer. Mélanger le tout en salade ou présenter les ingrédients séparément comme sur la photo.

POUR 4 PERSONNES - PRÉPARATION 20 MINUTES - CUISSON 1 HEURE

# BETTERAVE ET CHOU-RAVE, BEURRE PARFUMÉ

- 1 betterave crue
- 1 ou 2 bulbes de chou-rave
- 100 g de beurre
- 1 morceau de racine de gingembre ou de galanga (frais ou séché)
- 1 poignée de jeunes pousses
- Sel, poivre

1. Préchauffer le four à 200 °C. Envelopper la betterave dans du papier d'aluminium et la cuire au four 45 minutes environ jusqu'à ce qu'elle soit tendre (ce n'est pas très économique, profiter de la chaleur du four utilisé pour autre chose).

2. Mettre le beurre dans une petite casserole avec la racine de gingembre épluchée et coupée en tranches. Faire fondre sur feu doux ; laisser le beurre devenir couleur noisette et s'imprégner du goût du gingembre.

3. Découper la betterave et le chou-rave épluchés en tranches fines. Les servir avec le beurre parfumé (jeter les tranches de gingembre), du sel, du poivre et quelques pousses.

POUR 4 PERSONNES - PRÉPARATION 30 MINUTES - CUISSON 50 MINUTES

# PIZZA AUX RACINES MULTICOLORES

- 1 boule de pâte à pizza (200 g environ), maison ou achetée chez le boulanger
- 600 g environ d'un mélange de racines et des courges au choix
- 4 cuillerées à soupe d'huile d'olive
- 250 g de mozzarella
- 1 poignée de pourpier
- Sel, poivre

1. Préchauffer le four à 190 °C. Éplucher les légumes, les couper en tronçons assez fins. Les disposer sur une plaque de four, les enduire de 1 cuillerée à soupe d'huile d'olive, saler, poivrer et faire rôtir 40 minutes environ. Monter la température du four à 250 °C.

2. Étaler la pâte en un grand disque. Arroser d'huile d'olive.

3. Répartir les légumes sur le fond de pizza, poser des tranches de mozzarella, enfourner 10 minutes. Déposer le pourpier dessus et servir.

POUR 4 PERSONNES - PRÉPARATION 20 MINUTES - CUISSON 40 MINUTES

# PIZZETTES AU POTIMARRON

- 1 boule de pâte à pizza (200 g environ), maison ou achetée chez le boulanger
- ½ potimarron ou ¼ de courge butternut
- 25 cl de coulis de tomates
- 200 g de mozzarella
- Quelques feuilles de basilic
- Huile d'olive
- Sel, poivre

1. Huiler, saler et poivrer le morceau de potimarron, le mettre 30 minutes au four à 210 °C jusqu'à ce que la chair soit très tendre et brunie par endroits. Le sortir du four et détacher la chair de la peau. Monter le four à 250 °C.

2. Étaler la pâte et la couper en petits disques individuels de 15 cm de diamètre. Arroser d'huile d'olive.

3. Étaler le coulis de tomates sur les fonds de pizza, puis répartir la chair de potimarron. Couper la mozzarella en tranches, les poser sur le potimarron. Arroser d'huile d'olive et enfourner 10 minutes. Parsemer de feuilles de basilic déchirées.

POUR 4 PERSONNES - PRÉPARATION 20 MINUTES - RÉFRIGÉRATION 30 MINUTES - CUISSON 30 MINUTES

# QUICHES AUX FEUILLES ET FANES

- 500 g environ de pissenlits, autres jeunes pousses, fanes de radis et de carottes
- 2 cuillerées à soupe d'huile d'olive
- 20 cl de lait
- 15 cl de crème liquide entière
- 3 œufs
- Muscade
- Sel, poivre

### PÂTE BRISÉE

- 200 g de farine
- 100 g de beurre
- 1 pincée de sel
- 6 cl d'eau, environ

1. Préparer la pâte brisée : mettre la farine dans un saladier avec le sel. Ajouter le beurre coupé en cubes, frotter du bout des doigts pour obtenir des « miettes ». Ajouter environ 6 cl d'eau et mélanger avec un couteau à bout rond. Ajouter de l'eau si la pâte semble trop sèche. Finir de rassembler la pâte à la main, l'envelopper dans un film alimentaire et laisser reposer au moins 30 minutes au réfrigérateur.

2. Préchauffer le four à 180 °C. Beurrer des moules à tarte individuels (ou 1 grand moule à tarte). Étaler la pâte, découper des disques un peu plus grands que la taille des moules utilisés. Foncer les moules puis les glisser au congélateur.

3. Rincer les fanes et les feuilles. Fouetter ensemble les œufs, la crème, le lait, saler et poivrer. Répartir les feuilles et les fanes dans les moules, les arroser d'huile d'olive puis verser l'appareil à quiche. Râper un peu de muscade dessus. Enfourner 30 minutes.

POUR 4 PERSONNES - PRÉPARATION 20 MINUTES - RÉFRIGÉRATION 30 MINUTES - CUISSON 40 MINUTES

# QUICHE ROMANESCO

- ½ tête de romanesco
- 100 g de petites olives niçoises
- 20 cl de lait
- 15 cl de crème liquide entière
- 150 g de fromage de chèvre de son choix
- 3 œufs
- Sel, poivre

### PÂTE BRISÉE

- 200 g de farine
- 100 g de beurre
- 1 pincée de sel
- 6 cl d'eau, environ

1. Préparer la pâte brisée : mettre la farine dans un saladier avec le sel. Ajouter le beurre coupé en cubes, frotter du bout des doigts pour obtenir des « miettes ». Ajouter environ 6 cl d'eau et mélanger avec un couteau à bout rond. Ajouter de l'eau si la pâte semble trop sèche. Finir de rassembler la pâte à la main, l'envelopper dans un film alimentaire et laisser reposer au moins 30 minutes au réfrigérateur.

2. Préchauffer le four à 180 °C. Étaler la pâte, foncer un moule à tarte beurré puis le glisser au congélateur.

3. Couper le chou en fleurettes, le cuire 6-7 minutes à la vapeur. Couper le fromage de chèvre en tranches ou l'émietter, selon sa consistance. Fouetter ensemble les œufs, la crème et le lait, saler et poivrer.

4. Mettre les fleurettes de chou dans le fond de tarte, ajouter le fromage, verser l'appareil à quiche, disposer dessus les olives (dénoyautées ou non). Enfourner 30 minutes.

POUR 4 PERSONNES - PRÉPARATION 20 MINUTES - RÉFRIGÉRATION 30 MINUTES - CUISSON 1 HEURE

# QUICHES PANAIS BLEU

- 2 ou 3 panais
- 1 cuillerée à soupe d'huile d'olive
- 150 g de fromage bleu émietté
- 20 cl de lait
- 15 cl de crème liquide entière
- 3 œufs
- Quelques brins de ciboulette
- Sel, poivre

### PÂTE BRISÉE

- 200 g de farine
- 100 g de beurre
- 1 pincée de sel
- 6 cl d'eau, environ

1. Préparer la pâte brisée : mettre la farine dans un saladier avec le sel. Ajouter le beurre coupé en cubes, frotter du bout des doigts pour obtenir des « miettes ». Ajouter environ 6 cl d'eau et mélanger avec un couteau à bout rond. Ajouter de l'eau si la pâte semble trop sèche. Finir de rassembler la pâte à la main, l'envelopper dans un film alimentaire et laisser reposer au moins 30 minutes au réfrigérateur.

2. Préchauffer le four à 210 °C. Étaler la pâte, foncer un moule à tarte beurré puis le glisser au congélateur.

3. Éplucher les panais et les couper en tronçons. Les mettre sur une plaque de four, les enduire d'huile, saler, poivrer et faire rôtir environ 30 minutes jusqu'à ce qu'ils soient tendres et dorés. Baisser le four à 180 °C.

4. Répartir les panais cuits et le bleu sur le fond de tarte. Hacher la ciboulette. Fouetter ensemble les œufs, la crème, le lait, saler et poivrer, ajouter la ciboulette puis verser dans le moule. Enfourner 30 minutes.

POUR 4 PERSONNES - PRÉPARATION 20 MINUTES - RÉFRIGÉRATION 30 MINUTES - CUISSON 1 HEURE

# QUICHE SALSIFIS ET LARD

- 300 g environ de salsifis
- 150 g de poitrine fumée, découpée en lardons
- 17,5 cl de lait + 17,5 cl de crème liquide légère ou entière mélangés
- 3 œufs
- 2 cuillerées à soupe d'huile d'olive
- Quelques brins de thym
- Muscade
- Sel, poivre

## PÂTE BRISÉE

- 200 g de farine
- 100 g de beurre
- 1 pincée de sel
- 6 cl d'eau, environ

1 Préparer la pâte brisée : mettre la farine dans un saladier avec le sel. Ajouter le beurre coupé en cubes, frotter du bout des doigts pour obtenir des « miettes ». Ajouter environ 6 cl d'eau et mélanger avec un couteau à bout rond. Ajouter de l'eau si la pâte semble trop sèche. Finir de rassembler la pâte à la main, l'envelopper dans un film alimentaire et laisser reposer au moins 30 minutes au réfrigérateur. Préchauffer le four à 210 °C. Étaler la pâte, foncer un moule à tarte beurré puis le glisser au congélateur.

2 Éplucher les salsifis. Les mettre sur une plaque de four, les enduire de 1 cuillerée à soupe d'huile, saler, poivrer, parsemer de brins de thym et faire rôtir 30 minutes pour qu'ils soient tendres et dorés. Baisser le four à 180 °C.

3 Dorer les lardons dans une poêle avec un peu d'huile. Répartir les salsifis cuits et les lardons sur le fond de tarte. Fouetter les œufs, le mélange lait-crème, saler et poivrer puis verser dans le moule. Râper dessus un peu de muscade. Enfourner 30 minutes. Servir avec une bonne salade verte.

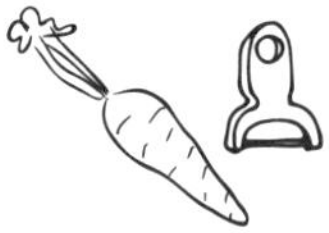

POUR 4 PERSONNES - PRÉPARATION 20 MINUTES - RÉFRIGÉRATION 30 MINUTES - CUISSON 45 MINUTES

# TOURTE AU VERT

- 500 g environ de vert : vert de blettes, pourpier, mizuna, pousses de betterave... et aussi des fanes, en bon état, de radis, de carottes... Plus c'est varié, mieux c'est !
- 2-3 cuillerées à soupe de crème fraîche ou de ricotta
- 1 cuillerée à café de sucre
- Beurre
- 1 cuillerée à soupe d'huile d'olive
- Sel, poivre

### PÂTE BRISÉE

- 350 g de farine
- 175 g de beurre
- 1 pincée de sel
- 10-11 cl d'eau, environ

1. Préparer la pâte brisée : mettre la farine dans un saladier avec le sel. Ajouter le beurre coupé en cubes, frotter du bout des doigts pour faire des « miettes ». Ajouter 10-11 cl d'eau et mélanger avec un couteau à bout rond. Ajouter de l'eau si la pâte semble trop sèche. Finir de rassembler la pâte à la main, l'envelopper dans un film alimentaire et laisser reposer au moins 30 minutes au réfrigérateur.

2. Préchauffer le four à 180 °C. Couper la pâte en 2 morceaux, dont un un peu plus gros. Étaler les deux disques de pâte, foncer un moule beurré avec le plus grand, le mettre au congélateur, garder l'autre disque au frais.

3. Nettoyer le vert, le mettre dans une sauteuse avec une noix de beurre, l'huile, du sel, du poivre et faire « tomber » les feuilles 5 à 10 minutes jusqu'à ce qu'elles soient tendres (mais pas toutes molles). Ajouter le sucre et la crème fraîche ou la ricotta.

4. Répartir le vert sur le fond de tarte, couvrir avec l'autre disque, rabattre les bords pour souder les deux disques de pâte et former une tourte. Faire un trou au milieu et enfourner 30 minutes.

POUR 4 PERSONNES - PRÉPARATION 20 MINUTES - RÉFRIGÉRATION 30 MINUTES - CUISSON 1 H 30

# TARTELETTES BETTERAVE NOISETTE

- 1 betterave crue
- 6 à 8 cuillerées à soupe de pâte de noisettes (magasins bio)
- 150 g de tomme de chèvre ou de brebis

### PÂTE BRISÉE

- 200 g de farine
- 100 g de beurre
- 1 pincée de sel
- 6 cl d'eau, environ

## CONSEIL

On peut faire ces tartelettes version mini en faisant des petits disques de pâte que l'on garnit en laissant un bord : à manger à l'apéro !

1. Préparer la pâte brisée : mettre la farine dans un saladier avec le sel. Ajouter le beurre coupé en cubes, frotter du bout des doigts le beurre dans la farine pour faire des « miettes ». Ajouter environ 6 cl d'eau et mélanger avec un couteau à bout rond. Ajouter de l'eau si la pâte semble trop sèche. Finir de rassembler la pâte à la main, l'envelopper dans un film alimentaire et laisser reposer au moins 30 minutes au réfrigérateur.

2. Cuire la betterave au four à 180 °C dans un papier d'aluminium pendant 1 heure environ, selon la taille.

3. Étaler la pâte et foncer les moules à tartelette beurrés. Les glisser quelques minutes au congélateur.

4. Couper la betterave en tranches fines. Garnir les fonds de tartelette avec de la pâte de noisettes, couvrir de betteraves et finir avec des copeaux de tomme. Enfourner 25-30 minutes.

POUR 4 PERSONNES - PRÉPARATION 20 MINUTES - CUISSON 1 HEURE

# COCOTTE DE LAPIN AUX BLETTES

- 4 beaux morceaux de lapin (ou 1 lapin découpé)
- 1 botte de blettes
- 1 oignon
- 3 gousses d'ail
- Quelques figues sèches
- 2 cuillerées à soupe d'huile de tournesol
- 1 cube de bouillon de légumes
- 1 litre de jus de pruneau
- 1 bâton de cannelle
- Sel, poivre

1. Éplucher et émincer l'ail et l'oignon. Les faire revenir dans un peu d'huile, dans une cocotte. Ajouter le lapin, le faire dorer, puis mouiller avec le jus de pruneau. Mettre le cube de bouillon, du sel, du poivre, le bâton de cannelle, couvrir et laisser mijoter jusqu'à ce que le lapin soit bien cuit. Compter 1 heure à feu très doux. Ajouter les figues coupées en morceaux.

2. Nettoyer et couper les blettes. Les faire sauter quelques minutes dans une poêle avec le reste d'huile. Saler, poivrer, puis les ajouter dans la cocotte à la fin.

POUR 4 PERSONNES - PRÉPARATION 20 MINUTES - CUISSON 2 HEURES

# IRISH

- 800 g à 1 kg de viande d'agneau, coupée en morceaux
- 3 ou 4 petits rutabagas
- 2 panais
- 2 carottes
- 4 ou 5 pommes de terre
- 2 ou 3 navets boule d'or
- 2 oignons
- 1 cuillerée à soupe d'orge perlé
- Sel, poivre

1. Préparer les légumes puis les couper en morceaux.

2. Dans une cocotte, empiler par couches tous les ingrédients : viande, puis oignons et légumes, puis viande, etc., en salant et en poivrant chaque couche. Verser 1 litre d'eau bouillante, mettre l'orge, porter à ébullition, retirer l'écume qui se forme à la surface, baisser le feu, poser un couvercle qui tient bien et laisser cuire pendant 2 heures.

3. Servir des parts, chacun écrasant les légumes dans son assiette.

POUR 4 PERSONNES - PRÉPARATION 30 MINUTES - CUISSON 3 HEURES

# TAJINE DE VEAU AUX FÈVES

- 2 kg de fèves fraîches
- 1,2 kg de sauté de veau
- 2 oignons émincés
- 2 citrons non traités coupés en quartiers
- 1 cuillerée à soupe de gingembre en poudre
- 2 cuillerées à soupe de cumin en poudre
- 1 dose de safran en poudre
- ½ bouquet de coriandre ciselée
- Huile d'olive
- Sel, poivre

1. Écosser les fèves, les plonger 30 secondes dans de l'eau bouillante. Les rafraîchir avant d'enlever leur première peau (fendre la peau avec un couteau pointu et appuyer fermement pour faire sortir la fève).

2. Si votre boucher ne l'a pas fait, découper la viande en gros cubes. Les déposer dans une grande sauteuse (ou dans un plat à tajine, si vous en avez un), couvrir d'eau froide, saler et poivrer, porter à ébullition. Baisser le feu, écumer et ajouter les oignons, les citrons légèrement pressés, le gingembre, le cumin et le safran. Laisser cuire à feu doux 1 h 30 à couvert, puis de nouveau 1 h 30 sans couvercle.

3. Ajouter les fèves 10 minutes avant la fin de la cuisson. Arroser d'un filet d'huile d'olive, goûter, rectifier l'assaisonnement et servir tout de suite, saupoudré de coriandre ciselée.

POUR 8 PERSONNES - PRÉPARATION 20 MINUTES - REPOS 1 HEURE - CUISSON 4 HEURES

# BORTSCH

- 1,5 kg de macreuse de bœuf en cubes
- 500 g de lard fumé en lardons
- 4 carottes
- 4 poireaux
- 1 cœur de chou vert
- 1 kg de betteraves crues
- 1 gros oignon
- 1 bouquet garni (thym, laurier, persil)
- 2 cuillerées à soupe de sucre
- 2 cuillerées à soupe de vinaigre de vin
- 1 petit pot de crème fraîche
- ½ bouquet d'aneth ciselé
- Sel, poivre

1. Préparer les légumes : éplucher les carottes et les betteraves, les couper en frites très fines (ou utiliser une râpe très grosse). Enlever le vert et la racine des poireaux, les couper en tronçons, les laver à grande eau. Éplucher et émincer l'oignon. Laver et couper le chou en petits quartiers.

2. Mettre les frites de betterave à macérer 1 heure dans le mélange sucre-vinaigre.

3. Pendant ce temps, déposer la viande et les lardons dans le fond d'une grande cocotte, couvrir avec 3 litres d'eau et porter à ébullition. Écumer au fur et à mesure. Ajouter les légumes, l'oignon et le bouquet garni et laisser cuire 4 heures à feu très doux. Quand la betterave aura bien macéré, l'ajouter dans la cocotte. Saler et poivrer à mi-cuisson.

4. Servir chaud, accompagné de crème fraîche et saupoudré d'aneth frais.

POUR 4 PERSONNES - PRÉPARATION 20 MINUTES - REPOS 30 MINUTES - CUISSON 1 H 30

# POT-AU-FEU AUX LÉGUMES OUBLIÉS

- 1 kg de viande de porc demi-sel (jarret, travers, poitrine, palette)
- 2 petits bulbes de fenouil (ou 1 plus gros)
- 3 carottes multicolores
- 3 ou 4 petits rutabagas ou navets boule d'or
- 2 panais
- 6 ou 7 pommes de terre vitelottes (ou autres)
- 1 oignon
- 1 poireau
- Quelques baies de genièvre
- 1 clou de girofle
- 1 bouquet garni
- 150 ml de vin blanc doux

1. Plonger la viande entière dans de l'eau bouillante pendant 30 minutes pour la dessaler. Égoutter. Éplucher les légumes.

2. Mettre dans un faitout la viande, 1 carotte, le poireau, l'oignon piqué du clou de girofle, 2 navets ou rutabagas, les baies de genièvre, le bouquet garni et le vin blanc. Porter à frémissement et laisser cuire environ 1 h 30.

3. Couper les autres légumes en morceaux. Trente minutes avant la fin de la cuisson, ajouter le fenouil et les légumes restants.

POUR 4 PERSONNES - PRÉPARATION 20 MINUTES - CUISSON 30 MINUTES

# COCOTTE DE LÉGUMES FRUITÉE

- 4 navets boule d'or
- 4 petits rutabagas (ou 1 gros)
- 3 ou 4 carottes multicolores
- 2 ou 3 petits radis noirs
- 2 échalotes ou 3-4 oignons de printemps, ou cives
- 2 pommes
- 1 citron
- 1 verre de jus de pomme
- 2 cuillerées à soupe d'huile de tournesol
- Quelques feuilles de pourpier (facultatif)
- Sel et poivre

1. Nettoyer les légumes, les éplucher seulement si nécessaire. Laver 1 pomme et la couper en quartiers, enlever le trognon, la citronner un peu. Peler et émincer les échalotes ou les oignons.

2. Faire chauffer l'huile dans une cocotte sur feu moyen, saisir tous les légumes, les échalotes ainsi que les quartiers de pomme en remuant.

3. Poursuivre la cuisson en remuant de temps en temps pendant quelques minutes puis ajouter le jus de pomme, baisser le feu et laisser cuire 15 à 20 minutes, le temps que les légumes cèdent à la pointe d'un couteau : ils doivent rester al dente.

4. Saler et poivrer puis ajouter les feuilles de pourpier et râper la pomme restante sur le dessus juste avant de servir.

5. Servir avec du boulgour, du riz complet ou comme accompagnement.

POUR 4 PERSONNES - PRÉPARATION 25 MINUTES - CUISSON 45 MINUTES

# MINESTRONE DE VIEUX LÉGUMES

- 1 ou 2 carottes multicolores (ou classiques)
- 2 panais ou persil-racine
- ¼ de chou romanesco
- 2-3 pommes de terre vitelottes ou classiques
- 1 oignon
- 2 gousses d'ail
- 1 croûte de parmesan
- 3 cuillerées à soupe d'huile d'olive
- Quelques brins de thym
- 1 cube de bouillon de légumes ou de poulet bio, ou 1 litre de bouillon maison
- 4 cuillerées à soupe de crème fraîche
- Quelques tranches de chorizo
- 60 g de parmesan
- Sel, poivre

1. Émincer l'oignon. Éplucher l'ail et l'écraser au presse-ail ou le hacher très finement. Éplucher les légumes, les nettoyer, les couper en dés.

2. Faire revenir l'oignon dans l'huile, dans une grande casserole, sur feu moyen, le temps qu'il dore légèrement. Ajouter l'ail et bien remuer puis ajouter un par un les légumes, en remuant à chaque fois pendant quelques minutes. Ajouter les brins de thym. Ajouter le cube de bouillon et couvrir d'eau (ou de bouillon maison), la croûte de parmesan, et laisser cuire à petits bouillons jusqu'à ce que les légumes soient tendres, mais encore al dente.

3. Goûter le bouillon, saler et poivrer si nécessaire. Ôter la croûte de parmesan. Servir la soupe avec un peu de crème fraîche, du parmesan râpé et des tranches de chorizo.

POUR 4 PERSONNES - PRÉPARATION 15 MINUTES - RÉFRIGÉRATION 12 HEURES - CUISSON 1 H 40

# CONFIT DE CHOU ROUGE AUX CHÂTAIGNES

- ½ chou rouge
- 200 g de châtaignes cuites
- 1 gros oignon en morceaux
- 50 g de beurre
- 10 cl de vin rouge
- 3 cuillerées à soupe de sirop d'érable
- 2 cuillerées à soupe de sucre
- ½ cuillerée à café de gingembre en poudre
- ½ cuillerée à café de noix de muscade en poudre
- ½ cuillerée à café de cumin en poudre
- Sel, poivre

1. La veille, détailler le chou en fines lanières et retirer la partie dure au centre. Rincer et essorer. Déposer le chou dans un plat, saupoudrer de sucre, arroser de vin rouge et laisser macérer 12 heures au frais.

2. Le lendemain, faire fondre le beurre dans une cocotte, ajouter les morceaux d'oignon et laisser suer 10 minutes à feu moyen. Ajouter le chou, les châtaignes, le sirop d'érable et les épices, saler et poivrer. Porter à ébullition puis laisser cuire 1 h 30 à feu doux en remuant souvent.

POUR 4 PERSONNES - PRÉPARATION 25 MINUTES - CUISSON 30 MINUTES

# CURRY ROSE

- ¼ de chou-fleur
- ¼ de courge butternut
- Une douzaine de crevettes crues surgelées
- 1 betterave cuite
- 40 cl de lait de coco
- 2 cuillerées à soupe d'huile de tournesol

### PÂTE DE CURRY

- 4 ou 5 tiges de citronnelle bien tendres
- ½ botte de coriandre
- 2-3 petits piments verts
- 2 gousses d'ail
- 3 échalotes
- 1 dé de gingembre
- 2 citrons verts
- Sauce nuoc-mâm
- 3 feuilles de lime (ou du zeste de citron vert)
- 6 ou 7 grains de poivre noir

1. Préparer la pâte de curry. Mixer les tiges de citronnelle, en enlevant et en jetant les couches extérieures et les extrémités trop dures, presque toute la coriandre lavée (en garder un peu pour la fin), le gingembre, l'ail et les échalotes pelées, les grains de poivre, les feuilles de lime, un trait de sauce nuoc-mâm, un peu de jus de citron vert et les piments épépinés. On doit obtenir un mélange vert et coulant.

2. Préparer les légumes : les nettoyer, les éplucher si nécessaire et les couper en morceaux. Passer les crevettes sous l'eau.

3. Faire chauffer l'huile dans une sauteuse, faire revenir 2-3 cuillerées à soupe de la pâte de curry (congeler le reste pour une prochaine fois), en remuant. Ajouter le lait de coco, porter à frémissement, ajouter les légumes, sauf la betterave, et laisser cuire 15-20 minutes jusqu'à ce qu'ils soient tendres.

4. Ajouter les crevettes, laisser cuire 3-4 minutes puis ajouter les morceaux de betterave. Parsemer de coriandre et servir.

POUR 4 PERSONNES - PRÉPARATION 20 MINUTES - CUISSON 35 MINUTES

# CURRY DE RACINES AUX AMANDES

- 2 carottes multicolores
- 2 navets boule d'or
- 2 petits rutabagas
- 3-4 pommes de terre vitelottes
- 2 cuillerées à soupe d'huile de tournesol
- 1 oignon
- 1 tout petit morceau de gingembre
- 1 cuillerée à café de garam masala
- 2 yaourts à la grecque (ou Fjord®)
- 3 cuillerées à soupe de poudre d'amandes
- 200 g de riz
- 1 poignée d'amandes effilées
- Quelques brins de coriandre
- Sel

1. Préparer les légumes : nettoyer, gratter, éplucher, couper en morceaux assez gros, émincer l'oignon, râper finement le gingembre.

2. Faire revenir l'oignon dans l'huile puis ajouter le gingembre, remuer. Ajouter le garam masala, remuer ; ajouter les légumes, remuer.

3. Sur feu assez doux, ajouter les yaourts et la poudre d'amandes, mélanger, puis verser 1 petit verre d'eau. Saler, couvrir et laisser cuire 30 minutes à feu doux.

4. Faire cuire le riz et servir le curry parsemé de coriandre et d'amandes effilées.

POUR 4 PERSONNES - PRÉPARATION 30 MINUTES - CUISSON 50 MINUTES

# COUSCOUS RACINES

- 1 oignon
- 2 gousses d'ail
- 1 morceau de courge butternut ou de potimarron
- 3 ou 4 navets boule d'or
- 2 ou 3 petits rutabagas
- 2 ou 3 carottes
- 2 cubes de bouillon de légumes
- ½ botte de persil plat
- 1 boîte de 40 cl de tomates pelées
- 1 orange
- 3 cuillerées à soupe d'huile d'olive
- 1 cuillerée à café de ras el-hanout
- 1 petit morceau de gingembre frais
- 1 bâton de cannelle
- 1 pincée de filaments de safran
- 400 g de semoule fine
- 30 g de beurre
- Sel, poivre
- Harissa pour servir

1. Préparer les légumes : les laver, les gratter, les éplucher si nécessaire et les couper en gros morceaux. Éplucher et émincer l'ail et l'oignon. Éplucher et râper finement le gingembre. Rincer le persil et le laisser égoutter. Prélever à l'économe un morceau de zeste d'orange.

2. Faire chauffer l'huile dans un grand faitout et faire revenir l'oignon 6-7 minutes. Ajouter l'ail et le gingembre, remuer 1 minute. Ajouter le ras el-hanout, mélanger 1 minute, puis les légumes, mélanger pendant quelques minutes.

3. Ajouter environ 1 litre d'eau, les cubes de bouillon, le safran, les tomates, la cannelle, le zeste d'orange. Porter à ébullition, baisser un peu le feu et laisser frémir 40 minutes jusqu'à ce que les légumes soient bien cuits mais pas défaits.

4. Préparer la semoule comme indiqué sur le paquet, avec un peu de beurre et de sel. Servir le tout parsemé de persil haché et avec la harissa. On peut compléter ce couscous de merguez grillées.

POUR 6 PERSONNES - PRÉPARATION 20 MINUTES - CUISSON 35 MINUTES

# COUSCOUS DE QUINOA AUX LÉGUMES

- 350 g de graines de quinoa
- 3 oignons doux
- 6 carottes
- 3 patates douces
- 3 petites courgettes bien fermes
- 1 petite boîte de pois chiches
- 50 g de raisins blonds
- 25 g de beurre
- 2 cuillerées à café de cumin en poudre
- 1 cuillerée à café de piment doux
- 1 bouquet garni (persil, thym, laurier)
- ½ citron confit coupé très fin
- 8 brins de coriandre ciselés
- Fleur de sel, poivre

1. Faire gonfler les raisins dans un verre d'eau tiède. Faire cuire le quinoa 15 minutes dans 70 cl d'eau bouillante salée. Ajouter le beurre et laisser reposer.

2. Mettre dans une grande casserole d'eau salée le bouquet garni, le cumin et le piment. Porter à ébullition. Laver les légumes et les peler (sauf les courgettes) ; couper les carottes en rondelles, les oignons en quartiers, les patates douces et les courgettes en gros cubes.

3. Mettre d'abord les carottes et les oignons dans la casserole, laisser cuire 10 minutes, ajouter les pois chiches, les patates douces et les courgettes, poursuivre la cuisson 10 minutes à feu doux. Goûter le bouillon et rectifier l'assaisonnement.

4. Disposer le quinoa dans un plat après l'avoir mélangé avec les raisins égouttés, recouvrir de légumes et arroser de bouillon. Saupoudrer de coriandre et de citron confit.

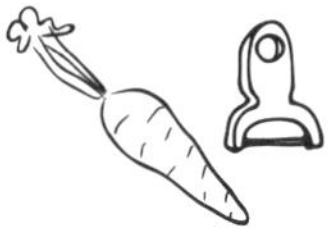

POUR 4 PERSONNES - PRÉPARATION 20 MINUTES - CUISSON 15 MINUTES

# COUSCOUS DE PRINTEMPS

- 300 g de couscous fin
- 150 g de petits pois frais écossés
- 150 g de pointes d'asperge verte
- 150 g de fèves écossées et pelées
- 20 g de beurre
- 3 cuillerées à soupe d'huile d'argan
- 1 cuillerée à café de sel fin

1. Verser le couscous dans un saladier avec le sel et 50 cl d'eau bouillante, couvrir et faire cuire 5 minutes au micro-ondes. Égrener la semoule à la fourchette et ajouter le beurre.

2. Faire cuire tous les légumes à l'eau bouillante salée. Compter 7 minutes pour les petits pois et les asperges, 3 minutes pour les fèves. Mélanger les légumes et la semoule, arroser d'huile d'argan. Déguster immédiatement.

POUR 4 PERSONNES - PRÉPARATION 30 MINUTES - CUISSON 25 MINUTES

# GNOCCHIS DE PANAIS

- 3 ou 4 pommes de terre moyennes
- 2 ou 3 panais
- 60 g de parmesan (facultatif)
- 200 g de farine, environ
- Beurre
- Ciboulette
- Sel, poivre

1. Nettoyer les pommes de terre et les faire cuire à l'eau avec leur peau pendant 20 minutes. Éplucher les panais, les couper et les cuire à la vapeur 20 minutes.

2. Éplucher les pommes de terre cuites, les écraser en purée avec les panais, du sel, du poivre et le parmesan fraîchement râpé. Ajouter la farine : il faut obtenir une pâte ferme et malléable. En faire des boudins. Couper les boudins en petits tronçons.

3. Plonger les gnocchis dans de l'eau bouillante salée. Les laisser remonter à la surface et attendre quelques instants. Égoutter et servir sans attendre avec du beurre et de la ciboulette hachée.

POUR 6 PERSONNES - PRÉPARATION 20 MINUTES - CUISSON 30 MINUTES

# RISOTTO AUX CÈPES FRAIS

- 400 g de riz arborio
- 1 oignon émincé
- 1 verre de vin blanc sec
- 1,5 litre de bouillon de volaille filtré
- 2 cuillerées à soupe d'huile d'olive
- 1 kg de cèpes frais
- 80 g de beurre en morceaux
- 100 g de parmesan fraîchement râpé
- Huile d'olive
- Fleur de sel, poivre

1. Faire colorer l'oignon à feu doux dans l'huile d'olive. Au bout de 10 minutes, verser le riz et bien mélanger. Le feu ne doit pas être trop fort pour que le riz chauffe sans brûler. Ajouter le vin blanc et laisser complètement s'évaporer. Mouiller avec le bouillon. Couvrir et laisser cuire 12 minutes à feu doux.

2. Nettoyer les cèpes et les couper en morceaux. Faire revenir les champignons dans un peu d'huile d'olive. Quand ils ont rendu toute leur eau de végétation, les laisser dorer quelques secondes puis les garder au chaud. Ajouter les cèpes au risotto et poursuivre la cuisson 3 minutes.

3. Répartir le beurre et le parmesan sur le riz, éteindre le feu et laisser reposer 2 minutes à couvert. Mélanger rapidement, saler et poivrer. Arroser d'un filet d'huile d'olive avant de servir.

POUR 6 PERSONNES - PRÉPARATION 20 MINUTES - CUISSON 40 MINUTES

# RISOTTO À LA TOMATE

- 400 g de riz arborio
- 1 oignon émincé
- 1 verre de vin blanc sec
- 1,5 litre de bouillon de volaille filtré
- 2 cuillerées à soupe d'huile d'olive
- 1 kg de tomates roma
- 1 branche de céleri en tronçons
- 1 carotte en petits dés
- 1 bouquet de basilic
- 120 g de parmesan fraîchement râpé
- 80 g de beurre
- 50 g de mascarpone
- Huile d'olive
- Fleur de sel, poivre

1. Faire revenir le céleri et la carotte à feu doux dans 1 cuillerée à soupe d'huile d'olive. Ajouter les tomates coupées grossièrement, le basilic, le sel et le poivre. Laisser cuire 15 minutes à feu vif en remuant souvent, sans couvrir. Passer le tout au moulin à légumes pour obtenir un beau coulis.

2. Faire colorer l'oignon à feu doux dans l'huile d'olive. Au bout de 10 minutes, verser le riz et bien mélanger. Le feu ne doit pas être trop fort pour que le riz chauffe sans brûler. Ajouter le vin blanc et laisser complètement s'évaporer. Mouiller avec le bouillon. Couvrir et laisser cuire 6 minutes à feu doux.

3. Ajouter le coulis de légumes, couvrir de nouveau et poursuivre la cuisson 10 minutes. Déposer le beurre en morceaux sur le riz, saupoudrer de parmesan et incorporer le mascarpone. Éteindre le feu et laisser reposer à couvert pendant 2 minutes. Mélanger et rectifier l'assaisonnement. Servir immédiatement.

POUR 6 PERSONNES - PRÉPARATION 20 MINUTES - CUISSON 50 MINUTES

# RISOTTO AUX LÉGUMES DE PRINTEMPS

- 400 g de riz arborio
- 1 oignon émincé
- 1 verre de vin blanc sec
- 1,5 litre de bouillon de volaille filtré
- 2 cuillerées à soupe d'huile d'olive
- 400 g de petits pois écossés
- 1 courgette bien ferme
- 1 botte d'asperges sauvages
- 1 feuille de laurier
- 80 g de beurre en morceaux
- 100 g de parmesan fraîchement râpé
- ½ bouquet de persil plat ciselé
- Huile d'olive
- Fleur de sel, poivre

**1** Faire fondre une petite noix de beurre dans une cocotte, ajouter les petits pois et le laurier, mouiller avec 10 cl d'eau, saler et poivrer. Porter à ébullition, couvrir, baisser le feu et laisser mijoter 10 minutes puis ajouter la courgette coupée en dés. Laisser cuire encore 15 minutes.
Une minute avant la fin de la cuisson, ajouter les pointes d'asperge. Égoutter et garder au chaud.

**2** Faire colorer l'oignon à feu doux dans l'huile d'olive. Au bout de 10 minutes, verser le riz et bien mélanger. Le feu ne doit pas être trop fort pour que le riz chauffe sans brûler. Ajouter le vin blanc et laisser complètement s'évaporer. Mouiller avec le bouillon. Couvrir et laisser cuire 12 minutes à feu doux.

**3** Ajouter les légumes au risotto et poursuivre la cuisson 3 minutes. Ajouter le beurre et le parmesan sans mélanger. Éteindre le feu et laisser reposer 2 minutes à couvert. Lier en mélangeant rapidement. Servir immédiatement, arrosé d'un filet d'huile d'olive et saupoudré de persil frais.

POUR 6 PERSONNES - PRÉPARATION 10 MINUTES - CUISSON 20 MINUTES

# PASTA À LA CRÈME DE COURGETTES

- 500 g de penne
- 3 courgettes bien fermes
- 30 cl de crème liquide
- 1 pincée de filaments de safran
- 1 cube de bouillon de volaille
- 50 g de parmesan fraîchement râpé
- Huile d'olive
- Sel, poivre

1. Laisser infuser le safran dans un petit verre d'eau. Laver les courgettes, les couper en morceaux et les faire cuire 10 minutes à l'eau bouillante avec le cube de bouillon. Égoutter. Mixer les courgettes avec la crème, le parmesan et l'infusion au safran. Verser le mélange dans une très grande sauteuse, saler un peu et poivrer généreusement. Laisser cuire à feu très doux.

2. Faire chauffer un grand faitout d'eau salée avec 2 cuillerées à soupe d'huile d'olive. Faire cuire les pâtes en écourtant de 2 minutes le temps de cuisson indiqué sur le paquet. Prélever 2 louchées d'eau des pâtes et les incorporer à la crème de courgettes puis ajouter les pâtes à peine égouttées. Remuer et laisser encore 2 minutes sur le feu pour que les pâtes soient al dente. Servir immédiatement.

POUR 4 PERSONNES - PRÉPARATION 20 MINUTES - CUISSON 30 MINUTES

# LA PASTA AU FENOUIL DE TAN

- 500 g de spaghettis
- 2 gros bulbes de fenouil (ou 3 petits)
- 1 poignée de raisins secs
- 1 gousse d'ail émincée
- 15 filets d'anchois en morceaux
- 3 à 4 cuillerées à soupe de chapelure
- 6 cuillerées à soupe d'huile d'olive, environ
- Poivre

## CONSEIL

La chapelure est un ingrédient facultatif, mais elle apporte une touche vraiment particulière à cette recette. Merci Tan !

1. Nettoyer et émincer les bulbes de fenouil. Faire chauffer l'huile à feu doux dans une sauteuse, ajouter le fenouil, ne pas saler (les anchois le sont assez), mais poivrer. Couvrir avec une feuille de papier d'aluminium beurrée et laisser suer 20 minutes en remuant de temps en temps. À mi-cuisson, ajouter les raisins.

2. Dans un grand saladier, mélanger 3 à 4 cuillerées à soupe d'huile d'olive avec les anchois et l'ail. Faire cuire les spaghettis dans une grande quantité d'eau bouillante salée.

3. Au moment de servir, ajouter la chapelure et le fenouil dans le saladier. Égoutter rapidement les pâtes et les jeter dans la sauce. Donner quelques tours de moulin à poivre et mélanger. Déguster immédiatement !

TAN'S

POUR 4 PERSONNES - PRÉPARATION 15 MINUTES - CUISSON 40 MINUTES

# BUTTERCUP À LA CUILLÈRE

- 2 courges buttercup
- 1 cuillerée à soupe d'huile
- Quelques brins de ciboulette
- 25 g de beurre salé
- Sel, poivre

1. Préchauffer le four à 210 °C. Couper les courges en deux. Les huiler, les saler et les poivrer. Les mettre au four et les laisser cuire 40 minutes jusqu'à ce que la chair soit très tendre et commence à dorer.

2. Détacher la chair avec une cuillère, en l'écrasant un peu mais sans la sortir. Poivrer, ajouter le beurre salé à la ciboulette hachée. Déguster à la cuillère, en entrée ou en accompagnement.

POUR 4 PERSONNES - PRÉPARATION 20 MINUTES - CUISSON 30 MINUTES

# PÂTISSON FARCI

- 2 pâtissons
- 2 carottes
- 2 navets
- 200 g de jambon cru
- 1 échalote
- 2 cuillerées à soupe d'huile de tournesol
- 200 g de comté râpé
- Sel, poivre

1. Couper les pâtissons en deux dans la hauteur. Enlever les graines, les jeter et détacher la chair. Éplucher les carottes et les navets, les couper en petits dés. Éplucher et émincer l'échalote. Couper le jambon en dés.

2. Faire revenir l'échalote dans l'huile, ajouter les carottes, les navets et la chair des pâtissons puis faire dorer quelques minutes. Ajouter le jambon coupé en dés, saler et poivrer. Remplir les coques de pâtisson de farce aux légumes, couvrir de fromage râpé et dorer 20 minutes au four.

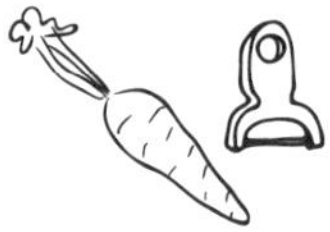

POUR 4 PERSONNES - PRÉPARATION 25 MINUTES - CUISSON 40 MINUTES

# MIX DE LÉGUMES RÔTIS

- 1 kg de racines mélangées : salsifis, carottes, panais, topinambours, crosnes, rutabagas, pommes de terre, radis, navets, c'est le moment de tout utiliser
- 4 ou 5 échalotes
- 125 g de mascarpone
- 1 yaourt à la grecque
- 1 citron
- ½ botte d'herbes fraîches
- Thym, romarin
- 2 ou 3 cuillerées à soupe d'huile d'olive
- Sel, poivre

1. Préchauffer le four à 210 °C. Éplucher les légumes et les échalotes, les couper en tronçons. Les mettre sur une plaque, arroser d'huile d'olive, remuer pour les enduire complètement. Saler et poivrer. Saupoudrer de thym et de romarin hachés et les faire rôtir environ 40 minutes : ils doivent être tendres et bruns par endroits.

2. Mélanger le mascarpone, le yaourt, les herbes hachées, un peu de jus de citron, du sel et du poivre. Servir les légumes chauds avec cette crème.

## VARIANTE

On peut aussi servir ces légumes froids en vinaigrette, mélangés à des herbes fraîches.

POUR 4 PERSONNES - PRÉPARATION 15 MINUTES - CUISSON 40 MINUTES

# TOPINAMBOURS RÔTIS AU THYM ET CITRON

- 500 g de topinambours
- 1 citron
- 50 g de sucre
- Quelques brins de thym frais
- 2 cuillerées à soupe d'huile d'olive
- Sel, poivre

## CONSEIL

Délicieux accompagnement pour une côte de veau.

1. Préchauffer le four à 210 °C. Prélever de fines lanières de zeste de citron à l'aide d'un zesteur ou avec un économe, en recoupant finement les larges épluchures obtenues. Mettre le sucre dans une casserole avec un peu d'eau. Ajouter les zestes. Faire chauffer à feu doux : le sucre va fondre et confire les zestes. Arrêter la cuisson avant que le sucre ne vire au caramel.

2. Éplucher les topinambours. Les couper en morceaux. Les mettre sur une plaque de four, arroser d'huile, saler, poivrer, ajouter les zestes égouttés, les brins de thym et bien mélanger. Laisser rôtir 30 minutes environ : les légumes doivent être tendres et brunis par endroits.

POUR 4 PERSONNES - PRÉPARATION 15 MINUTES - CUISSON 40 MINUTES

# COURGE SPAGHETTI AU FOUR

- 1 courge spaghetti
- 200 g de fromage râpé
- Beurre salé
- Ciboulette

1. Préchauffer le four à 200 °C. Enfourner la courge telle quelle. Le temps de cuisson va beaucoup dépendre de sa taille : lorsqu'elle est brune par endroits, que la peau cède sous la pression du doigt, elle est cuite.

2. Ouvrir la courge en deux, enlever les graines, couper chaque moitié en deux. Chacun détache la chair avec une fourchette et la mélange avec de la ciboulette hachée, du fromage râpé et un peu de beurre, façon pomme de terre au four.

POUR 4 PERSONNES - PRÉPARATION 20 MINUTES - CUISSON 40 MINUTES

# COURGETTES FARCIES

- 6 courgettes rondes
- 1 pot de ricotta
- 1 Chavroux®
- 2 oignons émincés
- Huile d'olive
- Sel, poivre

1. Coupez le chapeau des courgettes, retirez la chair à la petite cuillère (à pamplemousse si vous en avez, c'est plus facile) en prenant soin de ne pas entamer la peau. Déposez les courgettes dans un plat (gardez les chapeaux), salez et poivrez, arrosez d'un filet d'huile d'olive.

2. Préchauffez le four à 180 °C. Dans une sauteuse, faites revenir dans 2 cuillerées à soupe d'huile d'olive les oignons émincés et la chair des courgettes coupée grossièrement. Laissez cuire 10 minutes à feu doux en remuant de temps en temps. Égouttez le mélange dans une passoire pour éliminer le plus d'eau possible.

3. Dans un saladier, mélangez la ricotta et le Chavroux®, ajoutez la chair des courgettes revenue avec les oignons, remuez bien. Salez très peu, poivrez généreusement. Remplissez les courgettes de farce, coiffez-les des chapeaux et glissez-les au four. Laissez-les cuire 30 minutes.

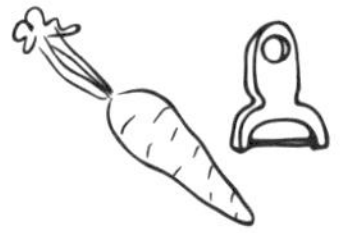

POUR 4 PERSONNES - PRÉPARATION 25 MINUTES - CUISSON 1 H 30

# LE DAUPHINOIS MIXTE

- 1 kg d'un mélange de pommes de terre (normales et vitelottes), de topinambours et de rutabagas
- 30 g de beurre
- 1 gousse d'ail
- 60 cl de crème liquide entière
- Sel, poivre

1. Préchauffer le four à 170 °C. Beurrer très généreusement un plat à gratin puis le frotter à l'ail. Éplucher les légumes et les couper en tranches très fines, si possible à la mandoline. Les ranger dans le plat, saler et poivrer. Couvrir de crème.

2. Enfourner environ 1 h 30 : la crème doit être complètement absorbée et le dessus du gratin doré.

POUR 4 PERSONNES - PRÉPARATION 25 MINUTES - CUISSON 45 MINUTES

# CARDONS EN CRUMBLE AU JAMBON

- 150 g de farine complète (ou un mélange blanche + complète)
- 200 g de jambon à l'os
- 1 kg de cardons (ou 1 grosse boîte)
- 1 citron
- 2 cuillerées à soupe d'huile d'olive
- 80 g de beurre salé
- Beurre pour beurrer
- Sel, poivre

1. Préchauffer le four à 180 °C. Préparer les cardons : enlever les feuilles, les parties piquantes et la base. Éplucher en enlevant les parties filandreuses (un peu comme pour le céleri), couper en tronçons et mettre dans de l'eau citronnée. Cuire à l'eau bouillante salée pendant 5 minutes, les égoutter puis les faire sauter à l'huile d'olive.

2. Beurrer un plat à gratin, mettre les cardons et le jambon coupé en morceaux, bien assaisonner.

3. Mélanger le beurre salé coupé en dés et la farine du bout des doigts pour obtenir des miettes. Poivrer puis répartir ce mélange sur les cardons. Faire gratiner 35 minutes au four.

STAUB

POUR 4 PERSONNES - PRÉPARATION 40 MINUTES - CUISSON 1 H 30

# LASAGNES AU POTIMARRON

- ½ paquet de lasagne, environ
- 1 potimarron ou ½ courge butternut (ou un mélange)
- 1 boîte de 40 cl de tomates pelées
- 2 gousses d'ail
- Quelques brins de thym
- 500 g de jeunes pousses variées : pissenlit, mizuna, épinards, pourpier...
- 50 g de parmesan
- Beurre
- 3 ou 4 cuillerées à soupe d'huile d'olive
- Sel, poivre

## BÉCHAMEL

- 1 cuillerée à soupe de beurre
- 1 cuillerée à soupe de farine
- 25 cl de lait

1. Préchauffer le four à 200 °C. Couper le potimarron ou la courge en morceaux, enlever les graines ; il n'est pas nécessaire d'éplucher. Enduire la chair d'huile d'olive, saler, poivrer et enfourner 30 minutes. À la cuillère, détacher la chair de la peau.

2. Préparer une sauce tomate avec 2 cuillerées à soupe d'huile, l'ail tranché fin, les tomates et laisser mijoter 20 minutes. Saler et poivrer.

3. Laver les pousses et les faire tomber 10 minutes avec l'huile restante. Saler et poivrer.

4. Préparer la béchamel : faire fondre le beurre. Hors du feu, ajouter la farine, remuer. Remettre sur feu moyen et cuire 2-3 minutes puis ajouter le lait petit à petit. Sur feu moyen à doux, porter à ébullition en remuant puis poursuivre la cuisson encore 5 minutes, toujours en remuant, jusqu'à ce que la sauce nappe la cuillère. Saler et poivrer.

5. Beurrer un plat à gratin. Faire des couches de pousses, de lasagne, de sauce tomate, de chair de courge. Couvrir avec la béchamel et le parmesan fraîchement râpé. Enfourner 30 minutes.

POUR 4 PERSONNES - PRÉPARATION 20 MINUTES - CUISSON 40 MINUTES

# LASAGNES AUX BLETTES

- 2 bottes de blettes
- ½ paquet de lasagne
- 5 tranches de jambon sec
- 40 g de pignons de pin
- 40 g de raisins secs
- 200 g de ricotta
- 2 cuillerées à soupe d'huile d'olive

## BÉCHAMEL

- 1 cuillerée à soupe de beurre
- 1 cuillerée à soupe de farine
- 25 cl de lait

1. Préparer la béchamel : faire fondre le beurre. Hors du feu, ajouter la farine, remuer. Remettre sur feu moyen et cuire 2-3 minutes puis ajouter le lait petit à petit. Sur feu moyen à doux, porter à ébullition en remuant puis poursuivre la cuisson encore 5 minutes, toujours en remuant, jusqu'à ce que la sauce nappe la cuillère. Saler et poivrer.

2. Préchauffer le four à 180 °C. Préparer les blettes : les nettoyer, séparer les côtes des feuilles. Couper les feuilles en lanières, en les empilant puis en les tranchant. Couper les côtes en tronçons.

3. Faire chauffer l'huile dans une grande sauteuse et faire revenir les côtes de blette. Quand elles sont tendres, ajouter les feuilles, remuer (sur feu assez fort) jusqu'à ce qu'elles tombent. Saler, poivrer puis ajouter les pignons et les raisins secs.

4. Beurrer un plat à lasagne. Faire des couches de lasagne, de blettes et de ricotta, en intercalant le jambon. Couvrir de béchamel et laisser gratiner 30 minutes au four.

POUR 4 PERSONNES - PRÉPARATION 10 MINUTES - CUISSON 30 MINUTES

# FENOUIL RÔTI AU CITRON CONFIT

- 4 bulbes de fenouil
- 1 citron confit
- Huile d'olive
- Poivre

## CONSEIL

Idéal pour accompagner un poisson grillé.

1. Préchauffer le four à 220 °C. Rincer le citron confit et le détailler en petits morceaux. Couper les bulbes de fenouil en quatre dans la hauteur et les mettre dans un grand plat allant au four. Arroser d'un filet d'huile d'olive, répartir les morceaux de citron confit dessus et poivrer généreusement. Laisser cuire 15 minutes.

2. Régler la température du four à 180 °C, retourner les fenouils et les arroser encore d'huile. Remettre 15 minutes au four. Servir chaud ou froid.

POUR 6 PERSONNES - PRÉPARATION 20 MINUTES - REPOS 30 MINUTES - CUISSON 2 H 30

# TOMATES FONDUES

- 12 tomates de calibre moyen
- 3 cuillerées à café de concentré de tomates
- 2 gousses d'ail pelées et hachées
- 15 feuilles de basilic lavées
- ½ cuillerée à café de cumin en poudre
- 2 cuillerées à soupe de sucre
- Huile d'olive
- Sel, poivre

## CONSEIL

C'est délicieux avec un poisson grillé.

1. Préchauffer le four à 90 °C. Laver les tomates, les couper en deux, enlever les pépins puis les laisser 30 minutes à l'envers sur du papier absorbant pour bien les sécher.

2. Dans un bol, mélanger 2 cuillerées à soupe d'huile d'olive avec le concentré de tomates, l'ail, les feuilles de basilic et le cumin en poudre.

3. Badigeonner d'huile d'olive un grand plat allant au four. Y ranger les tomates sur la peau. Déposer sur chaque tomate un peu de mélange à l'ail et au basilic, arroser d'un filet d'huile d'olive, poivrer et saupoudrer de sucre. Enfourner 2 h 30.

POUR 4 PERSONNES - PRÉPARATION 15 MINUTES - CUISSON 25 MINUTES

# POMMES DE TERRE SAUTÉES

- 800 g de pommes de terre charlotte
- 10 cl d'huile d'olive
- 1 feuille de laurier
- 3 brins de thym
- Fleur de sel, poivre

1. Éplucher les pommes de terre et les couper en rondelles d'au moins 3 mm mais pas trop épaisses quand même. Les laver et bien les sécher.

2. Mettre l'huile d'olive à chauffer dans une très grande sauteuse. Attendre qu'elle soit très chaude pour ajouter les pommes de terre. Les faire revenir pendant 5 minutes en les remuant avec une cuillère en bois.

3. Ajouter le laurier et le thym, laisser cuire encore 20 minutes à feu doux en remuant de temps en temps pour que les pommes de terre soient dorées sur les deux côtés. Vérifier la cuisson avec la pointe d'un couteau. Éponger sur du papier absorbant, assaisonner de fleur de sel et de poivre, manger immédiatement.

POUR 6 PERSONNES - PRÉPARATION 15 MINUTES - REPOS 12 HEURES - CUISSON 25 MINUTES

# POÊLÉE DE CHAMPIGNONS DE SAISON

- 1,2 kg de petits champignons de saison (girolles, chanterelles, trompettes-des-morts...)
- 2 gousses d'ail hachées
- 3 cuillerées à soupe de persil plat haché
- 50 g de beurre
- 1 cuillerée à soupe d'huile d'olive
- Fleur de sel, poivre

## À SAVOIR

Certains champignons ont besoin de plus de temps pour cuire. Il s'agit surtout des cèpes, des morilles, des girolles, des pieds-bleus et des champignons de Paris. On voit bien à leur aspect que les autres sont plus délicats et plus fins (trompettes-des-morts, mousserons et chanterelles) et il faut donc les introduire en fin de cuisson.

1. Essuyer les champignons avec un chiffon humide après avoir ôté les bouts terreux. Faire chauffer l'huile dans une grande sauteuse, verser les champignons et laisser cuire 15 à 20 minutes avec l'ail, du sel et du poivre. Les égoutter le plus longtemps possible (une nuit si vous pouvez).

2. Faire chauffer une grande poêle : elle doit être quasi fumante. Y jeter les champignons et les faire dorer environ 2 minutes en les secouant de temps en temps. Baisser le feu, ajouter le beurre et mélanger très délicatement. Goûter pour rectifier l'assaisonnement et parsemer de persil avant de servir chaud.

POUR 4 PERSONNES - PRÉPARATION 10 MINUTES - CUISSON 15 MINUTES

# GRANDE POÊLÉE DE BLETTES

- 2 bottes de blettes
- 40 g de pignons de pin
- 40 g de raisins secs
- 2 ou 3 cuillerées à soupe d'huile d'olive
- Jus de citron
- Sel, poivre

1. Préparer les blettes : les nettoyer, séparer les côtes des feuilles. Couper les feuilles en lanières, en les empilant et en les tranchant. Couper les côtes en tronçons.

2. Faire chauffer l'huile dans une grande sauteuse et faire revenir les côtes. Quand elles sont tendres, ajouter les feuilles, remuer (sur feu assez fort) jusqu'à ce qu'elles tombent.

3. Saler, poivrer, ajouter les pignons et les raisins secs. Arroser d'un peu de jus de citron.

POUR 4 PERSONNES - PRÉPARATION 10 MINUTES - CUISSON 15 MINUTES

# POÊLÉE BLETTES, CHORIZO, CHAMPIGNONS

- 1 botte de blettes
- 300 g de champignons sauvages
- 8 tranches de chorizo
- 3 cuillerées à soupe d'huile d'olive
- Sel, poivre

1. Couper le chorizo en petits dés. Nettoyer les champignons en les essuyant avec du papier absorbant et en ôtant les parties abîmées.

2. Nettoyer les blettes, séparer les côtes des feuilles. Couper les feuilles en lanières, en les empilant et en les tranchant. Couper les côtes en tronçons.

3. Faire chauffer l'huile dans une grande sauteuse et faire revenir les côtes. Quand elles sont tendres, ajouter les feuilles de blette, les champignons et le chorizo. Remuer sur feu assez fort pendant 10 minutes : tout doit être cuit. Saler et poivrer. Servir en accompagnement d'un steak par exemple.

POUR 4 PERSONNES - PRÉPARATION 15 MINUTES - CUISSON 10-15 MINUTES

# PÂTISSON SAUTÉ

- 1 pâtisson (pas trop vieux, sinon il sera trop dur à éplucher)
- 2 ou 3 cuillerées à soupe d'huile d'olive
- Quelques brins de persil
- Sel, poivre

1. Éplucher le pâtisson, enlever et jeter les graines, le couper en dés.
2. Faire chauffer l'huile dans une poêle et faire revenir les dés de pâtisson comme pour des pommes de terre sautées. Saler, poivrer, parsemer de persil haché.

## CONSEIL

Très bon accompagnement d'une viande.

POUR 4 PERSONNES - PRÉPARATION 15 MINUTES - CUISSON 15 MINUTES

# SALSIFIS SAUTÉS

- 1 botte de salsifis
- 1 citron
- 2 ou 3 cuillerées à soupe d'huile d'olive
- Quelques brins de persil
- Sel, poivre

1. Éplucher les salsifis, les couper en tronçons et les mettre dans de l'eau citronnée.

2. Faire chauffer l'huile dans une poêle et faire sauter les salsifis jusqu'à ce qu'ils soient dorés et tendres. Saler, poivrer et parsemer de persil haché. Bien meilleur qu'à la cantine !

## CONSEIL

À utiliser comme accompagnement ou dans une salade.

POUR 4 PERSONNES - PRÉPARATION 15 MINUTES - CUISSON 10 MINUTES

# NAVETS SAUTÉS

- 8 navets boule d'or ou bien des radis-tubes (radis longs roses) ou des rutabagas
- 1 ou 2 gousses d'ail
- 2 ou 3 cuillerées à soupe d'huile d'olive
- 2 cuillerées à café de miel (facultatif)
- Quelques brins de persil
- Sel, poivre

## CONSEIL

Très bon accompagnement d'une viande.

1. Nettoyer les légumes (les peler seulement si la peau est épaisse ou abîmée). Les couper en tranches. Éplucher et émincer l'ail.

2. Faire chauffer l'huile dans une poêle, ajouter les légumes et les faire sauter jusqu'à ce qu'ils soient tendres et dorés (comme pour des pommes de terre, mais moins long).

3. Hacher l'ail finement et l'ajouter en fin de cuisson, bien remuer, laisser encore 1 à 2 minutes puis retirer du feu.

4. Ajouter le miel. Saler, poivrer et parsemer de persil haché.

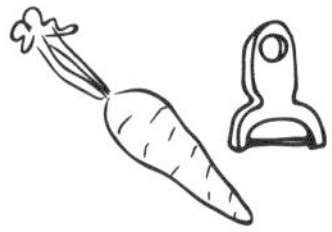

POUR 4 PERSONNES - PRÉPARATION 25 MINUTES - CUISSON 20 MINUTES

# GALETTES DE PATATES DOUCES

- 750 g de patates douces
- 2 œufs
- 2 cuillerées à soupe de farine
- 50 g de parmesan fraîchement râpé
- Huile de friture
- Fleur de sel, poivre

## CONSEIL

Choisissez des patates douces à chair orange, c'est meilleur.

1. Peler et râper les patates douces. Dans un saladier, les mélanger avec les œufs, la farine et le parmesan. Donner quelques tours de moulin à poivre et saler. Faire chauffer un bon fond d'huile dans une sauteuse à feu moyen. Déposer quelques cuillerées de mélange aux patates douces dans la poêle, aplatir pour former des galettes et frire 2 minutes de chaque côté. Les galettes doivent être dorées et croustillantes. Les égoutter sur du papier absorbant.

2. Au moment de servir, donner un tour de moulin à poivre et saupoudrer de fleur de sel. Servir avec une viande grillée ou de la roquette assaisonnée à l'huile d'olive et au citron.

POUR 4 PERSONNES - PRÉPARATION 20 MINUTES - CUISSON 20 MINUTES

# SALADE DE COURGE AUX FEUILLES

- ½ courge butternut
- 100 g de feuilles mélangées : pissenlit, pourpier, mizuna, pousses de betterave...
- 3 cuillerées à soupe de graines de courge
- 3 cuillerées à soupe d'huile d'olive
- 2 cuillerées à café de vinaigre de vin rouge
- Piment de Cayenne en poudre ou 1 petit piment frais
- Sel, poivre

1. Éplucher la courge. La couper en dés. La faire sauter à la poêle 10-15 minutes dans 1 cuillerée à soupe d'huile d'olive.

2. Faire une vinaigrette avec l'huile restante, le vinaigre, du sel, du poivre et un peu de piment de Cayenne (ou utiliser un piment frais, épépiné et émincé).

3. Faire griller les graines de courge dans une poêle bien chaude, à sec, quelques instants.

4. Assaisonner les feuilles mélangées de vinaigrette et servir avec la courge. Parsemer le tout de graines de courge.

POUR 4 PERSONNES - PRÉPARATION 20 MINUTES - CUISSON 5 MINUTES

# FRITES DE COURGE

- ½ courge
- Huile de friture
- Sel

## CONSEIL

Ces frites de courge accompagnent parfaitement un saumon avec de la mayonnaise aux herbes.

1. Éplucher la courge et couper la chair en bâtons, comme des frites. Faire chauffer l'huile dans une friteuse ou une grande casserole.

2. Frire les bâtons de courge en 2 fois, comme pour des pommes de terre, un peu moins longtemps car la courge cuit plus vite : compter 3-4 minutes.

3. Les égoutter, puis les plonger de nouveau dans l'huile pendant 2 minutes afin qu'ils dorent. Les égoutter et les saler.

# TABLE DES RECETTES

## PETITES ENTRÉES



## SALADES

## PIZZAS, QUICHES & CIE



## PLATS UNIQUES



## AU FOUR



## POÊLÉES

Recettes : Keda Black : pages 6, 18-40, 82-110, 116-120, 124-128, 134, 146-154, 158-164, 174-182, 186, 188 ; Delphine de Montalier : pages 8-16, 42-80, 112, 114, 122, 130, 132, 136-144, 156, 166-172, 184.

Photographies : Akiko Ida : pages 7, 19-41, 83-111, 117-121, 125-129, 135, 147-155, 159-165, 175-183, 187, 189 ; Charlotte Lascève : pages 4, 9-17, 43-81, 113, 115, 123, 131, 133, 137-145, 157, 167-173, 185.

Stylisme : Sonia Lucano : pages 7, 19-41, 83-111, 117-121, 125-129, 135, 147-155, 159-165, 175-183, 187, 189.

Création graphique : Manon Renucci
Mise en pages : Les PAOistes
Relecture : Véronique Dussidour
Suivi éditorial : Natacha Kotchetkova



Pour Marabout, le principe est d'utiliser des papiers composés de fibres naturelles, renouvelables, recyclables et fabriquées à partir de bois issus de forêts qui adoptent un système d'aménagement durable. En outre, Marabout attend de ses fournisseurs de papier qu'ils s'inscrivent dans une démarche de certification environnementale reconnue.

Édité par Hachette Livre - Département Marabout
58, rue Jean Bleuzen,
CS 70007 92178 VANVES CEDEX

Achevé d'imprimer en novembre 2017
sur les presses de Macrolibros, Espagne
35.5516.9/01
ISBN : 978-2-501-12561-1
Dépôt légal : décembre 2017

PAPIER À BASE DE FIBRES CERTIFIÉES

MARABOUT
s'engage pour l'environnement en réduisant l'empreinte carbone de ses livres.
Celle de cet exemplaire est de :
300 g éq. $CO_2$
Rendez-vous sur
www.marabout-durable.fr